JN007830

こんな少子化対策あったらいいね!!

堂前雄平 著

幻冬舎MC

こんな少子化対策　あったらいいね!!

はじめに

それは、ある日私にかかってきた一本の電話から始まったもので、相手は普段から親交がある中年のご婦人からであった。

この方は、社会の出来事に非常に敏感なだけに話の内容は、昨今特に社会で話題となっている〝少子化対策〟についてのことであって、この件についてどのように考えているかという、いたってストレートな言い方で投げかけてきたのです。

この率直な問いかけに対し、私は「何故私に聞いてきたんだろうか？」と、唐突な質問に一瞬たじろいだもののその後の冷静な判断で、その理由を即思いつくことができた。

それは、私が令和三（二〇二一）年六月と同四（二〇二二）年三月の二年間にわたり、立て続けに出版した本のタイトルと内容について、当時そのご婦人は非常に興味を示すことで、出版される度に私とさまざまな点で議論をしてきた経緯があったのです。

参考までに、その二冊の本に見られるタイトルだけを披露すると、最初の一冊目は、私が事業として二十数年間取り組んできた介護に関することで『訪問介護事業は消滅する』というものであり、昨年三月に出版した二冊目のタイトルは『現代版「男女平等」の考えは正しいのか‼』であります。

特に、二冊目の「男女平等」にあっては、本の帯部分にあたる表面には『男は社会に女は家庭にが基本』とあり、その裏面には『家庭生活には男女それぞれの〝役割〟と〝義務〟を果たす責任がある』という私の確固たる主張を大々的に表現したものとなっているわけです。

言うまでもなく、この本の二冊ともに見られるタイトル等は、世間一般の読者が目にしたとき、紛れもなく〝センセーショナル〟と言うべきか〝どぎつい〟といった感じを持たれるであろうし、多くの私の知人や関係者からも指摘されたことは事実である。

このような状況から考えれば、昨今特に話題になっている〝少子化対策〟について、私がどのように思い、且つどう対応すべきと考えているか等を聞くための電話連絡であると即断できたことから、後日そのための話し合いの機会を持つことでお互い了承し電話での会話は終了した。

ちなみに、このご婦人の年齢は五十代でキャリア・ウーマンとして仕事と子育ての両方をしっかりと行ってきた人で、現世の女性で最も多い立場にある一人と言えるのではないだろうか。

同時に、私の職場にも毎月一回は顔見せしてくれることから、社会で起きているさまざまなことについても会話を重ねてきただけに、議論の場を持つことは容易《たやす》かったのです。

そこで、このご婦人との話し合いを契機として、私の職場での女性職員を始め立場を異にするご婦人たちに対しても、私自らが出向くことで〝少子化対策〟についてさまざまな角度から内容を掘り下げながら、私の主張を前面に押し出すことで議論を展開してきたものである。

しかも、その方法としてご婦人の年齢や今日まで培ってきた立場等を考慮しながら、それぞれ選ばせていただき、ともに白熱した会話で終始してきた。

そのご婦人個々に関する年齢や立場をあえて簡潔に述べると、私の会社の職員は六十代後半で若い頃に一旦就職し、職場結婚の後は家事や子育てに専念し、子どもたちが社会人となったのを機会に再度職業についたものである。

次のご婦人二人は、ともに私自ら出向くことによって話し合った方で、一人は年齢が八十代半ばであって、社会に出て働いた経験もない家庭人そのものによる、正に昔気質の人である。

そして、もう一人のご婦人は四十代前半の方で、やはり働いた経験がなく家事と子育てに毎日奔走している状況の人である。

以上のように、さまざまな年代と立場にあるご婦人たち四人に対し、それぞれ個別的に〝少子化対策〟の問題点や理想のあり方等について、私と一対一で忌憚なく話し合ったものであることを再度申し述べるとともに、私の二度にわたり出版した書籍にも四人全員が目を通してくれたメンバーであるということも一言付け加えておきたいと思う。

さらに、このような状況のなかで私自身にあっては、二冊目の本の内容について男女の〝役割〟と〝義務〟の項目のところで、もう少し「子育て」や「親の介護」に関して踏み込んだ考えを記すべきであった、と出版後に大変悔やんでいただけに、今回の一本の電話から始まった〝少子化対策〟のテーマは、私にとって正に「渡りに舟」の出来事でもあったわけです。

ところで、今回の出版における本の内容について、最大限堅苦しさや難しさを排除し、誰しもがわかりやすく、理解しやすい方法として男（M）と女（Ⓦ）による会話形式にしたものである。

しかも、男女の会話についてもお笑いコンビの話し方のように、あえて〝コント〟方式を最大限取り入れることで完成させたつもりでもある。

また、四人のご婦人たちによる会話にあっては、それぞれの意見や考え方に大きな違いがなく、重複した発言が多いことから、それを一つに集約した形にして（Ⓦ）さんの会話としたが、それぞれの人の言葉遣いや言い回しによって個性を尊重した形でまとめてみたものである。

いずれにしても、ご婦人たち四人の年齢や生活状況の立場を考えたうえで、想像をめぐらし楽しみながら、最後までお目通しいただければ誠に幸いである。

尚、本文中の一部に、ややもすると憲法の条文との整合性に疑問を抱く文言が見受けられるだろうと思われますが、〝コント〟方式という楽しさのなかに、結婚を意識している皆様の大いなる願望でもあるだろうと推察されるところから書き上げたものでありますので、ご容赦いただきますことをお願い申し上げます。

また、全ての職業における女性を対象としたものではない、ということも念のため申し添えておきます。

令和五（二〇二三）年六月

堂前　雄平

目次

一　少子化進むと日本沈没

M　このところ、少子化なるものが巷で大きな話題というか、問題になってるねー。

W　そうだわねー。

M　どうにか増えていく、いい方法ってないもんだろうかなー。

W　えー!!　それって増えていくもんなの。

M　そうだよ。増えていかないと困ることだし、このまま増えないと将来大変なことになるんだよ。

Ⓦ　だって〝少歯高齢化〟とよく聞くけど、人間誰もが老いると、それがどうしても抜けてみたり、欠けたりしていくから仕方ないと思うよ。何でも世間では四十代の人で一本とか、五十代では三本、六十代になると六本なくなると言われているみたいだわ。もし、それが本当だったらそちらの言う通り何もしなければ、そのうち大変なことになってしまうだろうね。

Ⓜ　あれー!!　ちょっと待ってよ。少子化って抜けたり、欠けたりしてなくなっていくものか。一体何を考えているんかね。

Ⓦ　何を考えていると言っても、少歯化のことではなくて一体何だろうか？　だってそうでしょうが……。最近お年寄りの間では歯が少なくなることは健康に良くないと問題になっているのを知らんのね。長生きのためには歯の健康がとても大事と言われているでしょ。だから、国の方でも八〇二〇運動の推進によって歯の検診を大いに呼びかけているんではないのかね。違いまっか？

M　何ごちゃごちゃと言っているのかね。そんなこと、こちらもよーく知ってるよ。でもね、おいらが言ってる少子化はな、これからの日本をしょって（背負って）いく子どもたちのことじゃないか。今はね、子どもを産む女性が、どんどん少なくなってきているわけよ。これを少子化現象というんだけど、このまま続いていけば、それこそ日本の国はいずれ滅びてしまう、と言われているくらいで、そうなってもいいんかい。

W　あーそうか、そうね。そう言うと今、世間で確かに騒がれていて、社会的に大きな問題になっているわねー。でも、それが一体どうしたというんですか。だってそうでしょう、子どもを産むも産まないのも、カラスの勝手でしょうよ。そうは思いませんかねー。

M　あんた全くわかってないねー。子どもが少なくなるということは、この国の人口がどんどんと減ってしまい、働く人もいなくなり、経済はダメになってしまうことで、国そのものが滅びてしまうんだよ。そうなったら、歯の健康どころじゃなく、お金が入ってこないから美味しいものを食べることも、楽しい遊びもできなくなってしまうので、最後はね、日本沈没なのよ。わかったかね。

二　人口は減っても大丈夫!!

Ⓦ　いやー!!　そうなったら確かに困るし、大変なことだわね。でもその一方では、逆にこれ以上増える必要はないと考えている人もいるみたいよ。

Ⓜ　ええ!!　それはどういうことだよ。

Ⓦ　知らないかねー。こちらも十分理解していないけれど、これには大きく二つの理由があるとのことで、その大きな一つ目としてＡＩ（人工知能）やロボットを使って業務がなされることのようで、人手がそれほど必要なくなる時代がくるみたいよ。

M　じゃ、もう一つは何ですか？

W　今大きな問題になっている地球温暖化の影響で世界中が食糧不足に陥るようで、自給率の低いわが国でも多くの餓死者が出ると言われているんだよね。要は、この二つの問題に共通する結論として、人口が増えるよりも、少しずつ減ってくれた方がいいんではないか、と言う人もいるみたいだね。

M　ということは何だ、この二つの問題を国や自治体のお偉いさんたちはどう思っていて、世間で言う今ここで出産・子育てに真剣に取り組む必要が本当にあるのか否か、ということからの考え方でもあるのかな。

W　まあ、そういうふうに取れなくもないわねー。少なからず、AI問題は別としても、いずれ迫ってくる食糧危機については、ある意味子育て以上に重要課題と言えるかもしれないもんね。

M　いや、食糧危機に対応しなければならないのは当然のことであるが、AIについては人間の思考力が衰え、果ては堕落に陥れる魔物のようなものと勝手に想像しているることから、人間社会にこんなものまで必要なのか、とおいらは大いに疑問を持っているところだよ。正に、人間がＡＩに操られる人形のようなものだとは思わんかね。

Ⓦ　確かに、人間が人間ではなくなってしまう危険があるわねー。だから、人口を増やして経済発展につなげてくのが最善ということになるわね。

M　もちろんだよ！　やはり出産と子育てが、国や自治体の喫緊の課題なんで、何とかしなきゃいけないんじゃないのか。

三 〝異次元〟と〝いい加減〟対策のバトル

W ところで、出産や子育てについて何かいい方法でもあるんかね。もし、あるようならばぜひ聞いてみたいもんだわ。

M そうよなー。そこで今、国のお偉いさんたちが、いろいろと方法を考えながらやろうとしているところなんだよ。なかでも、国の一番お偉いさんが、何だか〝異次元の少子化対策〟なるものを豪語してるよ。

W えー何ですか、その〝いい加減の少子化対策〟というものは……。

M　バカ言え、異次元対策だよ。

W　そうでしょう。いい加減対策ね。

M　違うって言ってるだろ。異次元と言ってね、これまでとは次元の異なる思い切った方法を取ることによって、少子化に歯止めをかけようとしているようなんだよ。

W　へえ!!　そうなのね。何がどう変わって、子どもの数が増えていくのか楽しみなことだわー。ところで、そのための方法として、国のお偉いさんから具体的にいい案でも出ているんですかね。

M　そうだよ。既にいくつかのことが出てきているけど、何だか難しい言葉が一杯並んでいるから、果たしてわかりますかな。わかりそうなものだけ言ってみよう。

W　何!!　バカにしないで言ってみてよ。

M　よしわかった。じゃ言うよ。難しい言葉やいろんな事柄が出てくるから、よく聞いていてくださいよ。

𝕎　いいから早く言ってよね。

M　まずは、児童手当ってわかるよね。

𝕎　わかるわよ。子どものために使うお金のことで、親を介して支給されているんでしょうね。

M　正解!!　その手当をさらに広げていくために支給額を増やすことであったり、支給する子どもの年齢を十八歳まで引き上げることのようだよ。

𝕎　ええ!!　たったそれだけのこと。

M　いや!!　その他にも、高い給料をもらっている家族に対しては、所得の制限をなくすという〝所得制限の撤廃〟とか、さまざまなことを政策的に盛り込もうとしているみたいなんだよ。

Ⓦ へえ!!　そうなのね。しかし、こんなことで世の女性たちは、子どもを産む気持ちにほんとになるんだろうかねー。

M 確かにそう言えるかもしれんけど、それじゃ、あんただったらいい方法でもあるんかい。あるんだったら、ぜひ教えてほしいけどなー。

Ⓦ そんなの容易いことよ。異次元の方法を言えばいいんでしょ。それにはね、生まれた子どもの人数に応じて、国がいろんなことに対する経済的支援をしてあげることだと思うわよ。

M 何だいそりゃ。もっと具体的に言ってくれなきゃ、全くわかりませんなー。

Ⓦ つまりだね、子どもが成人になる十八歳を基準として、一人目の子どもは六年間、二人目が九年間とし、同時に一人目の子どもに対してさらに三年間延長する

ことによってともに九年間になるわけね。このように一人増えることで三年間延長とすれば、五人の子どもを授かった家庭は、五人の子ども全員が成人になるまで親の負担は一切なしで、全て国からの支援とする方法ですよ。どうです!! 正に異次元でしょうね。

M ということは、念のため聞くんだけどね、子ども三人の場合で十二年間、四人だと十五年間であって、四人ともにこの期間にわたり国からの支援が受けられるということだね。なるほど!! じゃ、もしも十人産んだら全ての子どもに対して、何年間の支援が保証されることになるんだい。

W (指を折り曲げ数えながら) ええ!! 全くわかりませんですね。

M そうだろう。異次元どころか、それをいい加減って言うんだよ。考えてみなー、それじゃ国のお偉いさんたちが言っているよりも、はるかにお金がかかるし、実現性は全くないなー。それこそ、そんなお金が国のどこにあるというのか、言ってみな。

W　それもそうでした。やっぱりダメだわ。ダメだよね……。

M　そもそもだ、あんたのその考えは最終的に国民の大きな負担になるんだよ。そんなもの国民の誰一人として喜ばないし、嬉しいことでも何でもない、と思うよ。

四 子育て支援より、まずは結婚

Ⓦ　確かにそうだわ。それじゃしょうがないもんね。他に、何かいい方法はないもんだろうか。どうでしょうねー。

Ｍ　確かに難しい問題だと思うよ。ただ、おいらにはそれなりの思いはあるけどね。

Ⓦ　えー!!　何よ、その思いとは。それ言ってみてよ。ねー早く。

Ｍ　じゃ言おう。今どき世間の誰しもが、子どもを産むことの方より、育てることについて重要視しているように思えるんだよね。実際に、国のお偉いさんたちを含め、マスコミや学者の先生方の間でも、こぞって育てることに対してだけの良い方法に固執しているようにしか思えんのだよ。しかしな、子どもを産むことと育てていくことでは、基本的に次元が違うことなんだよ。何せ、今やろうとしている目的は、あくまでも子どもの人数を増やすことにあると思うんだよ。

W　そうだよねー。そこが大きな問題になっているわけなんだと思えるわよ。

M　じゃ!!　子どもを増やすには、どうあるべきなんだ。それには、男女ともに結婚することへの強い思いを持つことであって、全ては結婚から始まるんだよ。ただ、時には浮気のような人間としての道理を踏み外す場合もあるかもしれないが、結婚なしには子どもを増やす正当な方法もなしだよ。

W　そうよ!!　なるほどね。今は男女ともに結婚する人が少ないから、子どもが増えないのも当然というわけだよね。

M　いや、世間では結婚する人が少ないとはハッキリ言わなくて、男女ともに晩婚化になった、と一口で表現しているが、果たしてそうとばかりを言っておられる場合では全くないと思われるが、そちらはどう考えるかねー。何せ、結婚しないことや晩婚化につながる理由というか、原因については誰一人ふれようとしていないいもんなー。育てていくことだけに注目を集め、出産のための大前提となる結婚に対しては、あまり話題にしようともしない現象は、正に本末転倒と言わざるを得ない状況だよ。

W　確かに、その通りだわね。こちらも少し勘違いしていたかもしれんわー。要は、単に育てるための経済的理由だけではないということであって、結婚しなければ全ては始まらないし、子どもだって増えることはないもんねー。

M　そうなんだよ。あんたもそう思うだろうが、じゃどうして近頃の男も女も結婚をしたがらないし、子どもを産もうともしなくなったのかについて、真剣に考えたことがあったかね。

W　いいえだね。正直言ってそんなことを真面目に考えもしないし、頭にも全くなかったわー。せいぜい、世間様で言われていることを真に受ける程度で、育てるうえでの経済的理由からとだけ思っていたわよ。

M　まあーそれが普通の考えだろうなー。もちろん、結婚や出産に対しても経済的なものが大いに関係してくることは当然と思うが、だからと言って、お金がたくさんあるから即結婚し、多くの子どもを産もうなんてことには必ずしもならないと思うんだがね。つまりだ、結婚や出産にしても経済的理由だけでしないわけでは決してないんだよ。そこで、じゃ一体出産の大前提となる結婚を何故しないのかについて、おいらなりにその理由をいくつか考えてみたよ。

W　いやー!!　それはぜひ聞いてみたいわー。一体、その理由は何なのか知りたいので教えてほしいわ。

M　よしわかった!!　今から言う理由の全ては、とても重要なことばかりだから、耳の穴かっぽじってよく聞いているんだよ。何せ、国のお偉い先生方は選挙のときの票を気にすることでハッキリと言うことができないし、マスコミや学者の先生方も世間を気にしなければならないことから何も言えないだろうしなー。要は、それだけ貴重な話をするってことよ。わかったね。

W　はい了解!!　いくつかあるというその理由について、どうぞお願いします。

M　ただ、本論に入る前に一言お断りしておくが、最初に話すことは出産の大前提となる男女の結婚についてであり、その後大きな二つ目の項目として子育てに関することで、大きく二つに分けながら、おいらの率直な考えを披露したいと思っているんで、よろしくね。

五

お節介おばさん等《ら》の出番なし

Ｗ　いよいよ、始まり始まり!!

Ｍ　それじゃな、まずそのためにおいらに向かって「あんたいい年なのに、何で結婚しないのかね。相手がいないんなら、いつでも紹介してあげるわ」と言うてみなよ。

Ｗ　何です!!　そんなことは容易いもんですよ。それじゃ言いますよ。「あんたいい年していて、どうして結婚しないのかね。早く結婚した方がいいと思うわよ。相手がいないとか?　それならいつでも紹介してあげるから結婚しなさいよ。それともそんな気は全くないの」と、こんな調子かしらね。

M もうそれで十分だよ。だけど、その後相手方から何と言われるか知ってるかね。

W 何でなの？　その人のことを思って親切に言ってあげたことだから、別に何か言われるような悪い話では全くないと思うけどね……。

M とんでもない!!　それを聞いた相手の性格によっては、すかさず「セクハラ行為として訴えますからね」と、大事にする男も女もいるんだから、正に禁句の言葉となっているんだよ。今やこういう時代で、下半身のことだけではないだけに、普段親しい間柄であってもレッドカードを突き付けられるから、十分会話には気をつけた方がいいということよ。

W へえ!!　そうなのね。確かに〝セクハラ〟は良くないから気をつけないといけないわね。ただ、良かれと思ってのことまでが〝セクハラ〟と取られたんでは悲しいことだし、他のハラスメントも含めて、いつもハラハラしていなければならないということかしらね。

M　全くなんだよ!!　だから今は、昔のように知り合いで近所のお節介おじさんやおばさんが紹介してあげるなんてことはすっかりなくなってしまい、一部紹介業としての会社やインターネットのSNSとかいうものを通じて知り合うというパターンが多くなっている状況なんだけど、いかが思いますかなー。

W　はあ!!　よく承知していますよ。そのためか、個人個人が思いのままにSNSなんかで知り合ったカップルのなかには、犯罪等に巻き込まれているケースも珍しくないことから、このような状況は果たしていかがなもんであろうかと思わざるを得ないわね。

M　やはり、あんたもそう思うだろう。いずれにしても、お互いが一定の信頼を通じて行われてきた近所のお節介おじさんやおばさんの出番が、時代の変化とともに消失してしまったことが、少なからず結婚に対する意識を遠ざけてしまう結果となったり、晩婚化に至らしめた原因であることは間違いないんだよな。

Ｗ　そうですね。何となくそのような状況にあるみたいに思うわね。

Ｍ　しかも、晩婚であれば出産の機会も限られることになるであろうから、当然多くの子どもに恵まれるとは思えず出生数にも影響してくるのは明らかだよな。つまり、このような現実が少子化を生み出している一つ目の理由でもある、とおいらは思っているがいかがかな？

Ｗ　正に言う通りで、納得だわ。子どもを多く産んでもらうには、若くて早いうちの結婚に限るということね。実際そうでなければ、子どもは増えていかないわねー。でも、理由はこれだけではなく、その他にも結婚しないわけがあるんではないかしらね。

Ｍ　ああ!!　先ほど言ったように大きな理由を含めて、まだいくつかあるがなー。

Ⓦ　そうですか、そうですか。大きな理由があるということで興味深いですわ。できたら、その全ての理由を早く教えてもらえませんかね―。

六　大きく変化した昔と今の社会状況

M　じゃ、次の二つ目の理由に入るよ。それにはね、昔と今の社会状況を比べながら、それぞれのことをじっくり考えてみれば、よく理解ができると思うよ。つまりですなー、昔の女性たちの姿はどうであって、それに対し現代の女性たちはどのようであるかについて比較してみれば、よくわかるということよ。

W　具体的に言ってくれなければ、それこそさっぱりわかりませんね。一体、どういうことなんでしょうかね。

M　それはねー、昔の女性たちが生きてこられた時代は、日夜通して娯楽的な体験やそれを味わうための場所もないということで二十歳前後の年齢で結婚してしまう女性が大変多かったわけだ。つまり、当時の女性たちは結婚し多くの子どもを産むことが、一種のステータス・シンボルであったんだよ。特に、結婚後の女性は朝早くから夕刻まで、農作業に出たり、家では三度の食事の準備や掃除に洗濯、さらには大勢の子どもとお年寄りの世話をするなどして、一日が休む暇なしの過酷な状況の生活であったもんだ。そんな忙しい毎日であっても、夜は夜で夫婦の愛を育むことで、大勢の子どもの誕生をともに喜びとしていて、子づくりも夫婦の仕事の一つとして励んできたもんなんだよ。だから、子どもの人口も増えてきたわけだが、この現象も昭和二十年代全般にわたってのことであって、三十年代に入ると徐々に減り始めてきたように言われているんだよなー。

W　わかる、わかる。そうみたいで、それ以降は少しずつ減少傾向にあるようだね。

M　ところがだ、その減少傾向にあるなかで、昨今の世の中はどうなっていると思う。

Ｗ　え!!　どうなってるって、何がですかね。

Ｍ　それはね、未婚の男女や既婚のご婦人たちの間でも、いろんな遊びや楽しいことが身の回りにたくさんあることで、人生への考え方が大きく変わってしまったということだよ。なかでも、未婚や晩婚の男女については、結婚して経済的なことや子ども等のことで苦労するよりは、一度限りの人生を思いのままに自由で楽しく過ごしながら、自分の一生を終えることの方が得策といった考え方になってしまったということよ。

Ｗ　確かにその通りかもしれないねー。何せ、今の世の中は未婚や晩婚の男女に限らず、いつの間にか既婚のご婦人たちにあっても幼子を家の留守番役にして、居酒屋で一杯とか、カラオケ店でストレスを発散させるなどして、夜遅くまで楽しい一時を過ごす風潮が何となく見受けられるもんね。

Ｍ　いや!!　それだけではないと思うよ。例え外出はしなくても、夜のテレビ番組に夢中になっていることで、床につくのが遅いこともあってなのか、夫婦の夜の営みも自然と疎遠になっているみたいだよ。このような夜遊びやテレビ鑑賞が、ややもすると子づくりを阻害していると思えないか。

W　そう言えるかもしれないわ。要は、あんたが言うように子づくりも夫婦の大切な仕事の一つであるということを認識してこそ、初めて出生数も増えていくだろうからね。例え、それがセクハラと言われようが、こちらもそう思わざるを得ない状況ね。

M　わかってくれるかね。楽しさ一杯の今の社会状況が、未婚であったり、晩婚にしているわけで、結婚しない二つ目の大きな理由でもあるんだよ。また、既婚者もいろんな遊びや楽しみによって妊娠・出産を遠ざけているとも言えるんではないだろうか。

七　社会の歪みからくる躊躇感

Ⓦ 確かに、そういうことになるわね。そのためか、何か社会全体の雰囲気として、物事に対する気持ちの表れ方が、面倒くさいという一面と、我慢強さがあまり見られなくなったように感じる一方で、身勝手さだけが目立っているような世の中になってしまったとは思いませんかね。

Ⓜ 当然のことで、よく言ってくれましたよな。何せ、さまざまな物がデジタル化され便利になったことで、何でもすぐ手に入らないと気が済まない状況にあって、スピード感だけを求めながら楽しんでいるのが、現代社会のあり様だもんなー。

ところが、便利故に人間を怠慢に陥れていることに全く気づいていないようであって、それとともに、デジタルの進化は人々の健康や犯罪の面でも、大きな社会問題を引き起こしているとは言えないだろうか。

W もちろんその通りで、科学の進歩もほどほどにしておかないと、人間が持つ本来の気性や思考能力に悪影響を及ぼすことにならないか心配するところだね。

M やはりそう思うだろう。特に、通信機器の分野では、便利であるが故に使い方によっては、計り知れないほどの危険が伴うことも同時に知ってもらいたいもんだね。しかも、健康の面や犯罪に巻き込まれやすい対象者は、主に子どもたちとお年寄りと言われているだけに、折角産んだ子どもが何かの原因で変なものに巻き込まれ命でも落としたらどうなるんだろうか、などと未婚の男女が考えたとしたら、一層のこと結婚しない方が気が楽だわ、と結論付ける人も多いんではないかな。要は、子どもにまつわるさまざまな将来の不安感から結婚したくないと思っているのではないか、というのが結婚しない三つ目の理由と考えられるんだよな。

W　そうだよね。それだけ今の世の中は、いろんな意味で荒廃しきっているということになるのかね。何ぶんにも、犯罪が多かったり、社会が抱えるさまざまな歪みのようなものを感じる現世においては、出産の大前提となる結婚について男女ともにあまり歓迎しないということなんだね。

M　そういうことよ。ところで、四番目としてもう一つ大きな理由があるんだけど、それ聞いてみたいかね。

W　もちろんですよ。ぜひ聞かせてくださいなー。

八

核家族化がもたらしたもの

M　何せ、これから話す四つ目の理由は、おいらの考えとして最も重要なことであるだけによく聞いていてくださいよ。それはね、世の中が変わったからと世間の人たちは一言で片付けてしまっているが、おいらから言わせてもらうと、家族間における人としての〝道徳観〟というか、〝倫理観〟というべきなのか、これらの考えが特に親子の間で薄れてしまったように感じるんだよ。そうは思わんかね。

W　何!!　その親子の間での〝道徳観〟とか〝倫理観〟とは、一体どういうことを言っているのか難しくてわからんね。

M　そうか、難しいかね。ごく簡単に言うとね、子どもは親の面倒を一生家庭で見る、という昔の考え方を〝道徳観〟とか〝倫理観〟に置き換えてのことであるが、このような家庭で一生面倒を見る風習が今ではなくなってしまったように痛切に感じているんだよ。そこにはね、昔からの家族制度というものが大きく変化し〝核家族化〟が今の社会では一般的になってしまったわけだが、その結果親子の関係はどうなったと思う。

W　確かに、協力し合いながらの一体化の様子はあまり見られなくなって、逆に親子がバラバラという感じだね。

M　あんたもやはりそう思うかね。実際、親子は別々の生活になってしまい、親の方は老夫婦だけか、もしくは一人ぼっちの寂しい日常生活を送っているんだよな。しかもだ、この状況だけなら親の方も仕方なくあきらめの境地にあるかもしれんけどね、そのうちには、長く住み慣れた地域とわが家を捨てて老人施設へと間違いなく追いやられてしまうのが現世であって、とても悲しい現実が待っているんだよなー。

Ⓦ　そりゃ悲しいことだよねー。その原因は、やはり〝核家族化〟にあるということになるんだろうね。

M　その通りで、全て原因はそこにあると思うよ。だから、親のありがたみや尊敬の念など一切感じられない現代っ子の姿に対して「一体誰に育てられて、一人前の人間になれたと思っているんだ」とイヤミの一つでも言いたくなるような親たちの心境ではないかと思うよ。さらに親たちから言わせれば、若夫婦は何の不満があって、年老いた親の面倒を見ることもせず独立してしまい、家のローン返済に明け暮れなければならないのか、についても理解に苦しんでいるんではないだろうかなー。

Ⓦ　ただね、子どもが親に対して持っている強いイメージとして、親はいつまでも元気でキリっとした態度でいるもんだという一方で、年々歳老いてヨボヨボして

いく親の姿は見るに堪えないとの相反した複雑な気持ちから、あえて親との距離を取っているとも考えられるわねー。

M そうか、そういう考え方もあるのかなー。要は、親の弱った姿を四六時中見ているのが嫌だということかいな。

W 多分、そうかもしれないし、子どもからしてみれば、親はいつまでも元気なものと思い込んでいる様子が、世間でよく見受けられるからね。

M そうは言っても、子どもの大半は先ほどおいらが言った〝感謝〟の気持ちが薄くて、身勝手な行動にあるんではないのかなー。およそ、人間誰しもが高齢になればなるほど、精神年齢が子どもと同等になると言われているだけに、今まで子ども全員を面倒見てこられたことに対し今度はその恩返しとして、子どもと同等の精神年齢にある両親の面倒を、その子どもたちによって見ていくのが当然ではないのかなー。でも、現実はそうなっていないことが多いことから、親の苦労に対するありがたみや感謝の気持ちが薄いと言っているわけよ。

Ⓦ　確かに、親のありがたみなんてさらさら感じていない状況にあることは間違いないわよー。だから、あんたが言う親子の間での〝道徳感〟とか〝倫理観〟がなくなってしまった、と言えるわね。そもそも、独立しなくて親と同居していれば、ローン返済で苦しむこともないし、お金だってそれほどかかるとは思えないけどねー。例えばだね、二世帯で住むには家が狭過ぎるということであれば、建替えやリフォームによって部屋数を増やす方法を取れば、土地付き一戸建や最寄り駅近くのマンションを買うよりは安くつくんじゃないのかね。また、親と同居するとなれば、建替えやリフォームするときには、費用の一部を援助してくれるかもしれないしね。

M　な!!　そう思うだろう。でも、そうは簡単にいかない世の中の状況でもあるんだよ。

𝕎　それって、どういうこと……。

M　おいらの独断と偏見になるけどね、先ほども言ったように社会の便利さが広く世間に浸透してきたことで、親子の間でもともにわがままな考えや振る舞いによって我慢強さがなくなったうえに、お互いの主張を遠慮なく言い合うようになってしまった結果からだと思うんだよ。だから、一方的に子どもだけが原因とも言えないわな。難しい世の中になったことだけは確かだね。

𝕎　ところで、その親子の離反と少子化になることとは、何か関係があるのかね。

M　当然!!　大いにありまくるから考えてみなよ。親が一生懸命子どもを産んで育ててきても、最後には親は見向きもされず、排除され捨てられるだけなんだよな。それを考えたら、いずれ自分も子どもから見捨てられ、老人施設行きを思ったとき、子どものことで年老いてまでイライラしたり、悩むこともないようにするためには、一層のこと独身で一生終わるのも選択肢の一つと考え、結婚しないという男女も相当いると思うし、ややもするとこのことが、結婚しない最大の理由であり、原因かもしれないと感じているんだけど、どう思うかね。

W　なるほどだわ。これまで言ってきた結婚しない四つの理由の全ては、納得以外の何ものでもないわね。なかでも特に四番目は、親を親とも思わないような卑劣で悲しい現実を聞かされショックを受けたわ。こんな状況であったら、自分も親となったときのことを想像しただけで、誰しもが結婚したいとは決して思わないかもね。だから先ほど、経済的なことだけで解決できるものではないと言ってたが、その通りでその前に今の社会のあり方を百八十度変えながら昔の社会の姿に戻すことから始めるしかないということだね。あくまで、経済的なことは最終場面での措置ということね。

M　わかってくれた。あんたも時にはいいこと言うじゃないか。おいらが今言った四番目の理由については、特に指摘しておきたいところだよ。ただしだね、これまで言ってきた四つの理由はあくまでも、いずれは親になろうとする立場の人たちから考えたときのことであるんだけど、ここからは、大きな二番目の項目としての子育てと、それに対する子どもの心理状況について話してみたいと思うが、よろしいかね。

W　当然!!　耳の穴かっぽじって聞きますよ。

九

「そばにいてほしい」が子ども心

M　とは言っても、これから言うことは自分よがりの勝手な言い分に聞こえるかもしれないので、子育て中の親たちや世間のいろんな立場にある人たちがいかに反応するかによっては、非難囂囂《ごうごう》になる可能性が大きいと思えることから、前もって世間様にはお許しを請うことで言っちゃおうかな。

W　そういうふうに言ってたら、余計に聞きたくなるのが人間の性というもんだよね。早く言ってごらんよ。

M　それじゃ言いましょう。このことは、少子化問題と直接関係はないと思いつつも、よく考えてみな。幼子たちが親に抱く根本的な想いとは一体何かと考えたときに、いつも自分のそばには親がいてほしいという、たったそれだけの素朴な感情を心の奥に絶対持っているんだよ。ところが、今の世の中では国を挙げて夫婦ともに働くことを推し進めることで、子どもは社会資源に頼る方法を取っているのが現状でもあるんだよね。これじゃ、親は良くても、幼子の親に対する純粋な気持ちを親たちは十分理解していると果たして言えるのだろうか、ということに大きな疑問を持つところなんだよ。

W　何!!　それは端的に言うとね、子どもが生まれて間もなくから施設など社会資源にお世話になるという状況のことで、それは幼子にとって決していいことじゃない、と言いたいのかね。つまり、社会全体で育てていく考えに疑問ありということね。

M　そうなんだよ。子どもを育てるという基本は、いつの世であっても両親だけにあって、少なからず小学校にあがるまで、言うならば子どもがしっかりと物事の判断ができる年齢までは、常に親元で全面的に面倒を見ながら育てていく役割と義務があると思うんだよ。その四六時中が無理ということであれば、そこにじいちゃん、ばあちゃんの存在があるということも同時に忘れちゃいけないね。

W　なるほど、その考えには大きくうなずけるところもあるわね。何でも一説には、社会資源ばかりに頼った子どもよりも、常に優しさと包容力を持って懸命に育てている親の姿を感じ取っている子どものほうが、親に対する安心感と嬉しさや楽しさから感謝の気持ちを精一杯抱くことで将来、親を決して裏切ることのない人間性豊かな人として育っていくと嘘か誠か言われているよね。

M　いや、それは事実だと思うよ。ただ、社会資源に頼ることを全て〝悪〟と言っているわけじゃないんだけど、他人に任せるということは、いろんな意味で少なからずリスクが伴うということを知ってほしいもので、やはり他人は所詮他人なんだよね。しかも、その他人にあっては、全て完璧な人間ばかりとは決して言えず、十人十色だけに、残念ながら時には過ちを犯すこともあると思うよ。実際にさまざまなことでの過ちをテレビなどで報道されているだろう。だから、犯した過ちに対して許せるだけの度量が親たちにあるかどうかが、社会資源を利用する重要なポイントになるのではないかと思うところだよ。な!! そう思わんかいな。

Ⓦ 確かにねー。今世間でよく言われていることに、保育園での保育士の給料がとても安いんだってさー。その給料が安いうえに親からいろんなお小言を言われたんじゃ確かに精神的にへこんだり、辞めたくもなるわねー。聞くところでは、その他にもお年寄りの介護の世界でも、ヘルパーの給料が安いと言われているところへ、特に女性の家族がヘルパーのやっていることに満足せず、そのヘルパーに対してやはりお小言たらたらの状況みたいだね。何でも、ヘルパーの方はケアマネージャーの計画通りに作業をしているにも拘わらず、女性の家族の思い通りにならないことが原因なんだろうか、それとも保険料とサービス料金との両方払いにイライラ感があるのか、真実のほどはこちらにはわかりませんことよ。ところが、ある介護事業所のヘルパー責任者という立場の人が、お小言を言った女性の

家族に「そんなに気になってご満足いただけないようでしたら、全て自分でやったらいかがですか」と言った後からは、その女性の家族も一切言わなくなったみたいよ。

十 専業主婦に恩典を与えるべし

M　そりゃアッパレだ。その通りだし、任せた以上はその方を信頼するしかないよなー。だから本当は、幼子の面倒やお年寄りの介護については、母親や女性の家族においてやるのが最良だし、幼子もお年寄りにあってもそれを一番望んでいると思うが、今の世の中ではこの考えが全く無視されているもんなー。そう思わんかねー。

W　あらあら!!　この現代においてだね、そんなことを平然と言ったなら、それを聞いた多くの人たちからは「何を寝ぼけたことを言っているんだい。時代錯誤もはなはだしい考えで、今や時代が大きく変わっていることも知らんアホかいなー」と一口で言われるだけよ。

M そりゃどうも悪うございましたね。だから、先ほど世間様にお許しを請うたわけだ。しかしね、この考えはおいらの断固とした決意表明でもあるから、別にいいだろう。

W そんならいいけどね。それにしても、働き盛りのご婦人が家にいて子育てやお年寄りの面倒を見ていたんでは、生活が苦しくなってきて立ち行かなくなっているのが、今の世相ではないのかね。そのため、どこの夫婦も共働きによって苦しい生活を少しでも解消しようと頑張っていると思うけどねー。でもそれを辞めて、ご婦人が子育てやお年寄りの面倒などを含め家庭のあらゆることを専業としてやってもらうとなれば夫の給料だけの生活ではなく、専業主婦としてのご婦人に対しても、それなりの経済支援が絶対必要になると思われるが、それについてはどうなるのか教えてよ。

M　そりゃもちろんのことで、避けて通れないとても重要な点だと認識してるよ。しかも相当のお金を支払うことになるだろうとも思うよ。何ぶんにも、未婚・既婚問わず今の女性たちは、子育てやお年寄りを世話することについて、家庭での仕事のなかでも特に大変であることを世間から聞かされているにも拘わらず、自分にできる精一杯のことを成し遂げているだろうと思うよ。しかし、それ以上に人間の〝性《さが》〟として、自分のやりたいことやその能力を試したくなるのが当然であり、その実現のために格好良く社会に出ていくんだろうなー。

W　それは当然のことであり、ある意味仕方ないんじゃないの。社会に出ることで、その他にも家庭でのストレスを発散させたり、多少なりの収入にもなるでしょうからね。それだけに、社会に出て働くよりも家事全般の仕事に従事する人の方が、経済面で圧倒的に優位になるという状況を作り出すことが求められると思いますがね。どうでしょうか。

M　その通りですなー。そのためにはね、少なからず四十歳以下のご婦人の皆さんが社会に出て働いている今の状態をまず、断ち切ってもらうことで家庭に入り、子育てやお年寄りの世話等家事全般に専念してくれるよう望まずにはいられないんだよな。それによって、そのご婦人たちに対し思い切った破格とも言える異次元の経済支援をしてあげるのは当然のことであると同時に、一日も早く家庭復帰し、子どもに寄り添う毎日であってほしいもんだね。以上が、二つ目の大きな項目としての幼子が思う理想の母親であり、模範的な子育ての姿ではないか、というおいらの率直な考えを言ったが、おわかりになりましたかな。

W　ああ!!　十分理解できたわよ。でもね、最後のところで言ってた経済支援、要は、異次元の経済支援ということだろうが、実際にその支援とやらを一体誰が、どんな方法でやるのかね。

M　おっと!!　よくそれを聞いてくれました。ここからがあんたの言っていたいい加減対策ではなくてな、少子化対策における本格的な異次元の経済支援について説明するからよく聞いているんだよ。何せ、ここからがおいらの真骨頂でもあるんで、心して聞いていてね。

Ⓦ　はい!!　わかりました。あんたの言う真骨頂なるものを真剣に聞いてみましょう。いい加減じゃなく、異次元だよね。

M　ああ!!　その通りだよ。ただそのためにはね、国を始め各自治体や企業、さらに各企業で働いている女性陣を含めた四者に対して、一種の協力というか、役割を課す必要があるんだよ。この四者それぞれに課された役割を実行してもらうことが大前提になるわけで、その成否がポイントになるんだよな。

Ⓦ　え!!　四者に対する協力とか役割というのは、一体どういうことなの？

十一　自分らしい生き方を求めるご婦人たち

M　ごめん!!　その役割を説明する前に、各自治体を除いた三者によって、この数十年来の社会が大きく変化してしまったことの原因について、ある程度明確にしておく必要があるので、その点をどうしても指摘しておきたいんだよねー。

W　どういうことか、ぜひ聞きたいね。

M　それじゃまず、女性全体のことでもあると思うが、ここでは特にご婦人たちについて話をしよう。ただ、先ほども言った男女ともに結婚したがらないとか、晩婚化の原因になる部分と若干ダブるところがあるかもしれんけど、じっくり聞いてくださいよ。それはね、一口で言うと、昔のご婦人たちはとても働きもんだった、ということに尽きるわけで、今どきの便利な世の中とは全く違った状況だったわな。例えば、農作業は一つ一つが手作業で時間をかけながらの仕事であったり、掃除は箒と雑巾を使っての作業でもあり、洗濯に至っては、大きなタライに洗濯板と固形石けんを使って手もみしていたことが思い出されるが、あんたもよく知ってるだろう。

W　当然のことでよく知ってるわ。特に、夕方になるとあちこちの家から大根やキャベツなどの野菜を千切りするトントントンという音が聞こえてきたもんだよねー。非常になつかしい音も、今じゃ聞くことがないわねー。

M　全くだよなー。三食の支度だって今は楽になった典型と言えるよ。何せ、スーパーやコンビニへ行けば、食べたいもんが何でも手に入るから自分で作ることもいらず、レンジでチンして一丁上がりときたもんだ。本当に楽チンそのものだよ。

Ⓦ　いえいえ、調理に限らず掃除にしても、洗濯であっても、楽を絵に描いたようなもんだね。だって、掃除の場合はルンバとかいう優れものが、スイッチ一つでどこでもきれいにしてくれるようだし、洗濯は洗濯機のボタン一つを押すことで乾燥までしてくれるそうだよ。すごいことだよねー。

Ⓜ　そうよなー。少なくとも掃除や洗濯、調理といった家事の三点セットは、今じゃあんたが言うように、楽を絵に描いた状況だね。こんなことでは、これから先一体どうなるんじゃいな。

Ⓦ　まあーね、先がどうなろスチャラカチャンだけど、先ほどあんたが言ってたように、あまり便利過ぎると人間をダメにしちゃうと思うよねー。何せ、便利は怠慢を産むと昔から言われているからね。

Ⓜ　ところで、ここからが核心の部分に入ってくるんですよ。実はだね、これまで言ってきた家事の三点セットは、どんどん楽になっているから、それほど問題に

はならないようだが、家庭を預かるご婦人にとって最も大変な仕事は、先ほども言った通り子育てに加えて親の面倒を見ることのようだよ。この両方ともに共通するものは親子の関係であるが、面倒を見ているご婦人からすれば、なかなか思い通りに事が運ばないことが多いため、時にはパニック状態や怒りっぽくなったりで、我慢も限界と勝手に決め込むことによって、別の居場所を求め、社会に出て働き始めるのが現状でもあるんだよ。要は、身内であっても人様を扱うということは難しいということだろうかなー？

W 本当にそうだと思うわ。耐えられなくなってしまうのかねー。

M 多分、そういうことだろうから幼子もお年寄りにしても社会資源に頼らざるを得なくなり、国が推奨している〝子育ても介護も社会で〟を口実にしながら、働きに出ているのが実情と言えるんではないかなー。

W なるほど、そういうことね。あんたが先ほど言ってた子育てや親の面倒を見ているよりは、社会に出て働いた方がはるかに楽しく、自分らしい生き方ができるということだろうかね。

M　そういうこと。それに尽きるんだよね。考えてみな、職場では自分のやりたいことでその能力を十分発揮することによって、上司や担当者などからさまざまな評価を受けることが楽しみになり、それに加え先ほども言ったように月々の収入にもなるし、家のローンの足《た》しにも少しはなると思われることから、こんないいことはないいんじゃないだろうか。何と言ったって、家で子育てや親の面倒を見ていても、ただの一銭にもならないし、ストレスが溜るだけが現実の姿かもしれないなー。

W　確かにその通りと思うし、やむを得ない状況かもしれないわ。

十二
〝渡りに舟〟だったご婦人たちの社会進出

M　でもね、世の中が変わったとは言え、このような状況を果たして手放しで喜べるだろうか。何せ、よくよく考えてみると、多くのご婦人が社会に出ていくことになったのは、先ほども言ったように、家での幼子やお年寄りの世話に嫌気がさしてしまったというなかで、タイミングよくその頃、国の方では女性の社会進出を念頭に〝女性活躍社会〟というものの実現に動き出したわけなんだよな。しかも、このことは国における一種の重要政策として打ち出されたものであって、正に国策そのものの一つと言えるんではないか。何でも、この政策を打ち出した背景にはね、あんたも知っての通り長い期間にわたって続いてきた不景気によって、この国の経済が大きく落ち込んでしまったことに加えて、一方では働く人が減少してきたための手段でもあったんだよな。

Ｗ　そのように認識はしているけど、一方の働く人が減ってきているという原因は、一体何でしょうかね。そこが不思議で、全く理解できないことだわ。だって、男性の働き手は数多くいると思うんだけどね。

Ｍ　多分、誰しもそう思うわねー。その理由についてこの後おいらなりの考えを披露したいと思っているが、その前に今言った国策に関して、もう少し付け加えたいんだがよろしいかね。

Ｗ　どうぞ、その続きを言ってみてよ。

Ｍ　つまり、この国策を明確にする必要があって、平成二十八年四月に〝女性活躍推進法〟なるものまでが施行されたわけよ。それが契機となって、ご婦人たちの社会進出と活躍が本格化されたというわけだ。もちろん、この状況を企業側も大歓迎ということもあって、さまざまな企業においてご婦人を登用する動きが一段と高まってきたことも事実なんだよ。

W　なるほどね。確かにこの国策によって不況から脱出ができ、国の経済発展につながるようだったら決して悪くないと思うし、ある意味結構なことではないのかね。

M　とんでもない。そんなことはなくてね、これはあくまでも表面的なものであって、実は国と企業との間で何らかの〝天の声〟が発せられ、阿吽の呼吸による双方の動きと思っているわけよ。その理由について、さまざまな角度から説明してみよう。

W　ええ‼　それってどういうことなの。

M　それはね、よく考えてみな。不況が長期化しているなかで企業が常に取る手段として、経費の削減に全てあるわけよ。そのためにはどうするかだが男性の正社員を多く抱えているよりは、それに見合った分の女性たちを採用した方が、はるかに人件費が安くつくという単純な考えが働くもんなんだよ。それを実行することで一方では、生涯にわたって会社に尽くそうとしていた男性陣にとって、とてもいづらい状況となって居場所がなくなり、退職の道を選ぶことになるんだよ。その結果どうだい、無職であったり、フリーの職業を求める人や非正規労働者となってしまうのが現実の姿じゃないかい。おわかりいただけますかね。

W　その通りとしか答えようがないわ。事実この数年間で非正規労働者が爆発的に増えて、大きな社会問題になっているもんね。要は、女性の社会進出によって、最も悪運のクジを引かされたのが男性陣であることに加え、家庭でやるべき全てのことがいい加減の状況になってしまうことが懸念されることから、決して良いことではないというのがそちらの考えなんだね。

M　正にそういうことであるんだけどね、それだけのことじゃないんだよ。実はね、企業の経費削減には、今話した女性の登用による人件費の削減だけではなく、非正規労働者を多く雇うことで健康保険や厚生年金といった社会保険料の会社負担分を抑制することにあり、これもまた、大きな経費の節減になっていることは否定できないな。何せ、社会保険料の負担は会社経営にとってバカにならない存在でもあるからなー。

Ⓦ この他に、企業での経費節減にあたるものはないのかね。

M そうよな、あえて指摘するとしたらデジタル化等の進歩で、今までのように手作業でも十分可能と思われる簡単な仕事であっても、全て器械化の導入によって人数を多く必要としないことからも人件費の抑制につながっていると思えるんだけど、違うかなー。

Ⓦ 違うどころか、あんたの言う通りで見事な洞察力としか言いようがないわ。

M そりゃどうもありがとう。ここで再度、簡単におさらいするけどね、未婚や既婚を問わず多くの女性は、お年寄りの世話や子育てについて嫌気がさしていたところへタイミング良く、国と企業のデキレースによって〝渡りに舟〟のごとく社会進出を果たすことができたものの、その一方で多くの男性陣が職を失ったり、非正規労働者として働くことになったり、果ては犯罪行為に加担する等で悪運のクジを引く結果となってしまったのが、この数年間におけるわが国の状況と言えるんではないかなー。ところが、このように社会進出を果たしたご婦人たちであっても、ハッピーとは必ずしも言えないようだよ。

Ｗ　何ー!!　どうしてなんでしょうか。

Ｍ　それはね、ご婦人たちが正社員になったからと言っても、男性と比較して同一労働・同一賃金とはなっていないことから賃金に大きな差があり、年収にして二百数十万円の開きが生じているようで、ご婦人たちにとってこのことが不満の種ともなっているみたいだよ。またその他にも、女性だからといって全ての人が正社員になれるわけではないようで、大半の人が非正規労働者であることに対しても不満が大きいようだよ。

Ⓦ　と言うことは、何ですかねー。要は、企業が経費節減するためと、節減した一部を〝内部留保〟とかいう貯金に回すことの手段として、単にご婦人たちを利用したに過ぎないという考え方もできるでしょうかね。

M　確かに、企業にあってはその通りだろうし、一方、国のお偉いさんたちは選挙における女性票の獲得を意図した何ものでもないという結論に達した、と見ることが妥当かもしれんなー。何せ、時の政府が打ち出した、何とかミクスの経済効果もあるやなしやで、われわれのような庶民のところでは、景気の良さが今でも全く感じられないもんなー。どう、そうは思わんかね。

十三

〝経済不況〟と〝社会的歪み〟に負けた企業戦士たち

W　思わんどころか、いつも思っていることだね。ところで、先ほどの働く人が減ってきたという原因は、一体何故でしょうか、ぜひ聞いてみたいわ。

M　そうだったね。その理由について後ほどおいらの考えを披露すると言っておきながら別の話で遅くなってしまい申し訳ないね。それでは、言っていきましょう。先ほども少しふれたように、一九四七年が最も出生数の多かった年だったと記憶しているが、その後、一九五五年頃から徐々にわずかながら減少に転じてきたように思っているのよ。ただ、一九六〇年代から七〇年代にかけての高度経済成長期時代においても極端な人口減少は見られず、それこそ「男は社会に、女は家庭に」を合言葉に、日本経済を牽引し大きく発展させてきたわけよ。ところが、今から約三十年ほど前からの一九九五年を境にその後生産年齢人口も減少の一途を辿ることになってきたのと同時に経済不況の始まりでもあったのよ。ここまでは了解ね。

W　はい了解、了解。その後どうなったのかしら。

M　さて、ここからがおいらの独断と偏見による考えを披露しますが、生産年齢人口の減少理由については、何点か簡潔に言いますのでよく聞いてくださいよ。わかりましたか？

W　もちろん、真剣に聞いてますよ。

M　それにはまず一つ目として、先ほども言ったように日本経済が不況に入ったことで、人々の生活は毎日不安な日々が続くようになってしまったわけよ。それまでの高度経済成長に馴れ親しんだ反動が一気にきたという感じであって、それに加え目まぐるしく変化する社会のスピード感にも翻弄されることによってストレスとなり、それが原因で多くの現役社員等が茫然自失のなかで心の病に侵されるまでの状況となってしまった、と言えないだろうかな。つまり、その結果として、それまでは企業戦士の立場にあったものの戦列から離れざるを得なくなってしまったことが、生産人口における減少の大きな切っかけになったのではないか、とおいらは判断しているんだよ。そして二つ目が、若者にとっても不況は経済的不安を駆り立てることとなる一方で、やはり目まぐるしい社会の変化によってさまざまな〝社会的歪み〟を感じ取るようなことからなのか、若者の結婚離れに拍車がかかり、正に独身貴族を謳歌するがごとくの状況が続いてきたことにより、年々子どもの出生数も減少傾向に転じてきた、と言えるんではないかな。さらに、もう一点理由があるんだけどよろしいかね？

Ⓦ　もちろんよ。ぜひ聞きたいわ。

M　それでは三つ目の理由ね。これについては先ほど来言ってきたことなので重複しないために、ごく簡単に言いますね。それはだね、企業と国のデキレースにより企業での〝女性登用〟を含め〝器械化の導入〟等さまざまな経費削減により、働き盛りの多くの男性が正規の職を失ってしまい、それぞれの生き方をせざるを得ない状況になったことで、男性そのものの働き手が宙に浮いているようにさえ感じられるが、どう違うかしら。要は、これら三つの大きな理由がリンクして、生産年齢人口に影を落しているのではないか、というのがおいらの考えなんだよ。

W　なるほど、そういうことね。よくわかったけど、一方ではこのままの状態が続いたら二〇五〇年には、生産年齢人口が今の三割程度減少するとまで言われているわよ。大丈夫かしらね。

M　いや、いや!!　おいらの考えだと、潜在的には男性の働き手はまだまだいると思っているけどね。特に、この数年間はコロナ感染症の影響で一時的に労働力不足に陥ったのではないかと推察しているところであるが、今しばらくは状況を見ていく必要があるかもしれないね。いずれにしても、少子高齢化の状況は事実であって、高齢者がどんどん増えていくことで、その高齢者を支えきれなくなっていくことだけは間違いないわなー。

Ⓦ　それだったら、本当に大変だわ。将来私らは一体どうなっちゃうの？

M　そうなんだ!!　大変なんだよ。だからこそ、この段階から少しずつでも出生数を増やしていかなければダメなんだよ。まだ先のことだからと安心していては、絶対危険だということがおわかりいただけますかね。

Ⓦ　何か、身につまされる思いだけど、この状況を打破する方法ってあるのかねー。

M　それはある意味簡単なことで、男女ともに若くして結婚する以外にないんだよな。その具体策における経済支援のあり方を含め、そのための財源確保についても、この後事細かに説明したいと思っているんだよな。

十四　宝者のわが子であるが故に、親の懐の深さを

W　ええ!!　期待できる話かしら。ぜひとも聞いてみたいわね。ただ、その前にあんたが求める男女それぞれの立ち位置について、果たしてどう思っているかを聞いてみたいわ。

M　それについてのおいらの考え方は、いたってシンプルであって、〝男は社会に、女は家庭に〟という昔からの言い伝えを基本とすることから、社会全体もそうあってほしいと一途に思っているんだよ。イギリスの政治家による名言で〝女は最も女らしいとき、最も完全である〟という諺があるように社会の状況に翻弄さ

れたり、利用されたりすることで世間に出ていくことを極力控え、ある年齢まで は家事全般の仕事に集中している姿こそ〝最も女らしい〟と人々の目に映るので はないだろうか。何ぶんにも、夫が人前で女房のことを話すときには〝家内〟と いうのが一般的になっているように思われるが、文字通りに考えた場合、正に 〝家の中の人〟という解釈が成り立つのではないかなー。要は、全ての家事をし ながら家庭を守る、という意味合いからの言葉であろうと勝手においらは思って いるよ。どうだ!! おかしいかなー。

W おかしいかどうかは、人それぞれの考えなんだから何とも言いようがないがね。 でもね、確固たる信念を持ってのあんたの考えだろうから、堂々とその主張を押 し通せばいいと思いますよ。ただね、イギリスの政治家の名言は十九世紀頃の時 代であることから、現代においてそれが通用するか否かは別として、少なからず 今のわが国でのマスコミと政治家には絶対に通用しないことだけは確かだわね。 とは言っても、決して心配することはなく、共鳴する人は必ずいるもんだから大丈夫ってことよ。

M　どうもありがとうよ。実は今な、子どもの出生率や子育てに関連して、過去に大きな問題となったことを思い出したんだよ。

W　ええ!!　突然何思い出したのよ。ぜひ聞かせて……。

M　それというのはだね、その当時の厚生大臣が「女性は子どもを産む機械である」と表現したことで、社会から大きく批判され大臣の職を辞してしまったことがあったんだけど、あんた覚えているかね。ところが今、正にこのことが顕著になっていると思わんかね。何せ、子どもが生まれた後、わずかな期間で社会資源に頼る風潮は、それこそ「産むためだけの機械に過ぎない」などと揶揄されたとしても、それはある意味仕方がないんじゃないのかなー。どう思うかね……？

W　確かに、その通りに思えるわねー。だから今の子どもたちは、何となく親の愛情に飢えているようにさえ見受けられるときがあるわよ。でも、この状況は決していいことじゃないし、先ほどそちらが言ったように最低でも小学校にあがるまでは、歯を食いしばりながらでも子育てに汗を流し、精一杯の愛情を持って優しさと包容力で接することが最も大切であり、そうすべきだと思うわねー。

M 全くご指摘通りで、よく言ってくれましたね。何と言っても、子どもは将来の宝者ですから即、今の状況を変えていく必要が大いにあるということよ。

W それは大賛成だけど、小学校にあがるまでで本当にいいのかしらね。それ以降における親子の接し方って、どうなんだろうか……？

M 確かに、先ほど小学校にあがるまでとは言ったが、本来はそうではなく女の子は九歳まで、男の子は十二歳になるまでは母親の包容力が必要で、子どもがハグしようと飛び込んできたら決して拒否せず、しっかりと抱いてやることが重要だと世間では言われているみたいだよ。この男女の年齢の違いは、それぞれの成長の度合いからとも言われていて、女の子の方がどうしても成長が早いようだねー。

Ⓦ　なるほど、そうなんだ!!　その他にも、最近の子どもたちは頭の方が発達していることからか〝頭デッカチ〟と揶揄されることで、本来の子どもらしさが失われているとも言われているよね。そのためか、九歳や十二歳なんて言うと、親の方も大人扱いしてしまうことで抱き締めることもないように思われ、親の愛情不足が原因であるのか、素直で可愛らしさが希薄になってきているようにも何となく感じられるわね。

M　その通りで、子どもがいくつになっても愛情を求めてきたときは、それをしっかりと受け止めることによって、親子の関係も良くなるということだよね。

Ⓦ　そう思いますわ。それを「もう大きいんだから何を言ってるの」などと突き放すように冷たい態度であれば、将来に禍根を残すとも限らないからね。事実、ここ数十年来親子や身内での犯罪が多くなってきているように思われるが、とても悲しいことだね。

M　何と!!　いいことを言いますなー。昔からの諺にあるように〝子どもは親の姿を見て育つ〟わけだから、生まれて間もなくから社会にお世話になるよう仕向けた親は、将来必ず自分も子どもによって、施設など社会資源に追いやられることは間違いないと思われるし、既に、それも現実になっているように思えるなー。いずれにしても、ここ数年間の国や企業が取ってきた手法に対する女性のありようは、果たしていかがであったのか、おいらには疑問を感じていたことから、四者が行うべき役割の件や経済支援の話に入る前に言いたかったのよ。重複した部分もあって、長々とすみませんね。

W　何と、何と!!　そんなことはないわ。これからが重要なんで、興味津津というところだね。

M　ただし、事の善し悪しは別として、真剣に少子化に取り組む考えがあるとしたら、今から言うことを四者それぞれが重く受け止めて実行していくしかないと思うんだけどなー。ただ、おいらの一方的な考えでもあることから、そのつもりで聞いていてくださいよ。

Ⓦ　はい！　了解です。何を話されても一切口を挟まず、真剣に聞いているんで早く言ってちょうだいよ。

十五　国、自治体、企業の三者による〝異次元の経済支援〟とは

M　ではね、先ほど言った国を始め各自治体、および企業の三者における役割とそれに対する経済支援について話を進めていきたいと思うので、よろしいかね。そこでまず、国の役割と経済支援であるが、国の場合は全て未婚の女性を対象とすることで、結婚に至った時点での女性の年齢に応じて、お祝い支援金という名目で現金を支払ってあげることよ。

W　ええ!!　いくらもらえるんだろう。何だかワクワクした気分だね。

M　つまりですな、女性の年齢が満十八歳から二十三歳までと、二十四歳から二十

九歳まで、三十歳から三十五歳までの三グループに分けて、それぞれの年齢に見合った金額をあげるということよ。

Ｗ　やり方はわかったけど、金額だよね。一体いくらもらえるのかなー。

Ｍ　じゃ、若い女性から順次言っていくからね。十八歳から二十三歳までに結婚したカップルには一律一千万円で、次の二十四歳から二十九歳までの夫婦には一律五百万円とし、晩婚の三十歳から三十五歳までのカップルにも一律三百万円が、お祝い支援金として国から贈られるということなんだよ。

Ｗ　なるほど、それぞれの年齢で結婚しただけでこんな大金がもらえるなんて、正に異次元だね。この後の年齢にある女性たちは、どうなるんだろうか。

Ｍ　言うまでもなく、三十五歳以上の結婚に対する経済支援は、どこからも一切なしだね。

Ⓦ それは残念で、可哀想としか言いようがありませんね。でも、結婚の年齢によってお祝い支援金の額に差があるのは、一体どういうことなんでしょう？

M それはね、できる限り若いうちに出産することで、母親の身体に及ぼす影響が少なく済むと同時に、元気な子どもが生まれてくると昔からの言い伝えがあるじゃないか。また、若ければ若いほど出産のチャンスが多くなるとも言われているだろう。そう考えると、自《おの》ずと年齢差が金額の差に反映されても不思議ではないわな。ただしね、結婚・出産は〝神のみぞ知る〟ということでもあるだけに、実際の状況は即断できないが、国の狙いとする人口増には少なからずつながっていくことにはなるでしょうなー。とは言え、これは決して女性の人生に対する押し付けでも強制的なものでもないということも、一言付け加えておきたいと思うねー。

Ⓦ そうか!! 人口を増やすための手段だもんねー。それには、若いときからの結婚が前提になるから仕方ないと言うことだね。

M　実は、このお祝い支援金をいただくにあたり、国から一つの条件があるのよ。

W　ええ!!　条件って何なの。難しいことかしらねー。

M　難しいとは言い切れないけど、いただいた夫婦にとっては理不尽極まりないと思うかもしれないなー。しかし、この方法は公共機関がお金を出すときの常套手段とも言えるやり方で、必ず何らかの条件がついてくるもんなんだよ。というのはね、万が一離婚したいと思っても、夫婦がともに満五十歳を過ぎるまでは離婚が許されなく、それ以前の離婚の場合には、国からのお祝い支援金を全額返さなければならない、ということなのよ。

W　何故、そうなるの!!　変だね。

M　いやね、これは子どもたちの成長に悪影響を及ぼさないためのものでもあるんだよ。

Ⓦ　でもね、夫婦がともに我慢をすることで言い争いの毎日になっても、却って良くないんじゃないかしら。

M　確かに、そのことが最も心配だわな。何せ、社会状況の大きな変化で国民総耐力不足で身勝手な現代だけに尚さらと思えるが、大金と子どものために夫婦そろってハッピーの気持ちで過ごしてほしいもんだよな。

Ⓦ　その通りだね。家庭の平和は、全ての平和につながると言われていることから、そうでないといかんですよ。ところで、その他に国の方から何かあるのかね。

M　いや特に、その他のことは国から一切なしだね。ここまでが、国の役割としての未婚女性に対するお願いと経済支援ということになるんだ。

Ⓦ　なるほどね。確かに、子どもを産んでもらうには結婚が大前提であって、そのためには未婚の女性に対し国が率先して異次元の役割を果たすことが必要不可欠だわねー。そのための大きな決断をするか否かで国の本気度が試されることにな

るね。それで、次は各自治体、それとも企業のこと……？

M 国の次は、各自治体と言いたいところだが、その前にどうしても企業の役割と経済支援のあり方について話したいんだよね。まずその前提として、大小を問わず一般的な企業の場合未婚、既婚関係なく現役および採用予定の男性社員全てを正社員で終身雇用制にすることを、企業での基本的役割と位置付けるんだよ。

𝕎 ええ!! 何ですかそれは。

M それはね、例えばの話で、女性に対する勤労の権利や義務を侵すことになるかもしれないが、男性社員を全て正社員にすることによって、先ほども言ったように既婚で四十歳未満のご婦人には、現状雇用されている会社を一旦退職してもらい、専業主婦として家庭に入ってもらう、というのがおいらの考えなんだけど、いかがだろうかなー。

𝕎 ハアー!!？ 会社を辞めてどう生活していくのかね。そんなのいくら何でも可哀想だし、現実的ではないと思うけど、どうなんだろうね。

M　いやいや!!　会社を辞めてもらい家庭に入る代わりにね、正社員で働いている夫の会社が、夫の給与総額の八割分を妻であるご婦人に給与として支払うことにするんだよ。要は、会社で懸命に働く夫を間接的に助ける意味合いで、ご婦人にも給与が支給されるというやり方だよ。こうすることで、夫婦共稼ぎの状態が担保され不満もないと思うんだけどなー。

W　と言うことは、今世間で騒がれている育休パパなんて存在しないことになるのね。

M　当然のことよ。夫が四六時中子どもの面倒を見ていたんでは、社会がどうなるんだよ。一日懸命に働いてきたパパが「ただいま」とドアを開けた瞬間、子どもはパパに向かって「お帰り」と声を張り上げながらハグするために飛んでいく姿は、パパも子どもにとっても最高のひとときではないだろうかな。要は、子どもにとって父親の存在というのはね、会社で大いに働いてきてお金を稼いでくるもんだと思わせることにあるんだよ。また土、日の休みを利用して、パパとのふれ合いが持てると思うよ。

Ⓦ 確かに言ってることはわかるけども、企業や世間はどう反応するかだね。

M その通りで、これを実現するためには、夫が働くそれぞれの会社がよく理解をし、全面的な協力が必要になるのは当然のことだよな。

Ⓦ 何か難しいような気がするけどねー。

M しかもだ、この方法を会社が取ってもらう対象者はね、既婚のご婦人たちだけではなくて、結婚直後の全てのカップルにも同様に実行することでもあるんだ。だから、結婚直後のご婦人も一定期間会社勤めは一切せずに、ひたすら子づくりや子育てを含め、家庭全般の仕事に専念してもらうことになるんだよ。

Ｗ　でもね、現に働いている女性でシングルマザーの人たちは一体どうなるんだか、とても重要なことに思うけどね。

Ｍ　当然、シングルマザーの人たちについても常勤、非常勤問わず、四十歳未満の社員には退職してもらうとともに、在籍していた会社を通じて従来通りの給与が支払われるようにするんだがな。

Ｗ　だって、会社を通じてというけどね、会社には大、中、小さまざまな規模があるなかで、大会社はいいとして中・小の会社における財源は一体どうなるのよ。

Ｍ　ここでおいらが考えるには、全ての大会社が協力し合い、財政的に厳しい中・小会社を助ける意味で、その負担を肩代わりしてあげる方法だろうなー。

Ｗ　でも、大会社であっても中・小の会社負担まで肩代わりしてあげるという、財源の余裕が本当にあるかねー。そのためのいい方法でもあり？

M　ある、ある!!　それがあるんだよ。

W　何が、どうあるの……?

M　不思議に思うわな。ところが、ここで登場してくるのがほかでもない、大会社がこれまで貯めてきた、いわゆる〝内部留保〟であって、この資金を大いに利用しながら対応していくということよ。

W　そうか!!　大会社の貯金を原資としてシングルマザーの人たちに対応していくわけだね。

M　そういうことであって、特にシングルマザーの人たちに対する経済支援は、大会社からの〝内部留保〟に頼ることになるかと思うが、この支援は極わずかな期間を想定したものでもあるんだよ。

W　それはどうしてですかねー。

M　実は、シングルマザーについては現在進行形の人たちであって、四十歳未満を限度としていることから、今後の新婚カップルのご婦人が途中で離婚し、シングルマザーになったとしても、それは対象外であると同時に、国からのお祝い支援金も返すことになってしまうことにあるんだよ。

W　なるほどね。だから、現在進行形の人たちが全て四十歳を過ぎた段階で、シングルマザーに対する経済支援は終了となるわけだね。

M　要は、そこまでが大会社の〝内部留保〟による支援であって、わずかな期間限定と言ったわけだよ。わかりましたかね。

W　そうか、期間限定ということであれば、大会社も協力しやすくなるし、実際に協力してくれるんではないかねー。

M　もちろんシングルマザーに限ったものではなく、夫が働く会社からのご婦人に対する八割の給与支給についても、ご婦人の年齢が三十九歳を限度としているんだよ。だから、いずれの企業における女性の採用については、募集年齢を四十歳以上に統一するなかで、当人の働く意欲によってはいつまでも続けられるような採用条件にしてはどうかと思うんだよな。

W　要は、先ほどそちらが言った女性に対する勤労の権利や義務を侵すことになるかもしれないが、年齢が満十八歳から三十九歳までの女性陣にあっては、さまざまにおける国の将来のために一定期間一切外部には働きに出ず、家庭のことに専念していただきたいということと、そのために、企業も国の将来を鑑みることで女性陣の募集にあたっては、年齢を四十歳以上に各企業が統一すべく協力してもらいたいわけね。

M　全くその通りと思っているんだよ。あんたはどう思うかね。

W　いや、とてもいいことじゃないかしら。何せ、今の世の中人生百年時代と言われているんだから、人生の円熟期として女性が最も輝きを見せる四十歳過ぎの働き手を採用できることは、最良の人材確保と言えるかもしれないわ。要は、人生百年時代にふさわしく、女性の働き手は四十歳過ぎてからがベストということだね。

M　そうなんだよ。と言うよりは、本来そうあるべきなんだと思うね。

𝕎　でもね、一方で、現代は多様性の時代とも言われているだけに、四十歳過ぎてからじゃ何をするにも遅いんと違うかねー。

M　いやいや、それは短命と言われた昔のことであって、長生きできる昨今では四十歳過ぎからが本格的に社会に羽ばたいていく絶好の年齢だと、おいらは思っているけどなー。実際、職種によっては八十歳過ぎた女性が、現役として元気に働いている例は多くあるようだよ。

𝕎　確かに、こちらもその状況はよく耳にしてるから、四十歳過ぎであっても十分多様性には対応できる年齢だと思うわね。ただし、やる気さえあればの話になるけど。そうだよね!!

M　ところで、少し余談になるけどな、今回令和五年の春闘における大企業の賃上げやそのあり方について、あんたどう思っている。

W　どうって、何がですか。賃上げが実行されたんだから結構なことじゃないかね。それとも、他に何かありますか？

M　確かに、賃金アップは従業員たちにとって大変喜ばしいことであって、社会的にも大歓迎だわなー。

W　そうよ。それがどうしたと言うの。従業員たちが大喜びなんだからいいじゃないの。

M　とは言っても、賃上げの理由の一つとして、マスコミ等によると優秀な人材を確保するためのアドバルーンとも言われているだけに、おいらにはこの点が果たしていかがなものかと思えるんだよな。

Ⓦ　それで、どうしたの……？

Ⓜ　と言うのもね、世間では生活の面で貧富の差が激しさを増していると言われているなかで、労働の面でも優秀とそうでない人との間に格差が生じてしまう結果になりやしないかを危惧しているんだが、そうは思わんかね。

Ⓦ　確かにねー。いろんな意味で格差が生じている今の世の中だから、全く考えられないことはないわねー。

Ⓜ　余計な話をしてしまいごめんよ。

Ⓦ　そんなことはないけど、企業の役割や経済支援の話はどうしたのかね。もう終わりですか？

Ⓜ　企業に関してのことは、先ほど話したまでで終了だね。だから次は、各自治体

の役割と経済支援のあり方となりますな。

W ではお願いします。ご婦人たちが期待を持てる内容でね。

M 先ほども言ったと思うが、結婚したときは全面的に国からの経済支援とし、それに対して各自治体の役割と経済支援は、出産時のお祝い支援金と家庭の仕事に尽くした年数による謝礼金の二本柱で行う方法は、どうかなと思っているんだよ。

W と言うことは、具体的にどうなるの？

M おいらが考えた方法はな、出産したときに出産費用にプラスした形でのお祝い支援金として、一人目は百万円、二人目が二百万円、三人産めば三百万円というように、一人増えるごとに百万円が増額されるということで、出産時の経済支援とするんだよ。

W なるほど、産めば産むほど百万円がプラスされていく方法ね。じゃ十人産んだら、何と一千万円だよ。すごいじゃん。それじゃ、もう一方の家庭に尽くした分の謝礼金というのは、一体どうなるの？

Ｍ　簡単に言うと、これは家庭の仕事に一生懸命尽くしたことに対する慰労の名目で、全て年数だけによって金額を決めるんだよ。

Ｗ　例えばどういうことになるのかね。

Ｍ　これは三十九歳を全てゴールとしたうえで、結婚年齢を十八歳から三十五歳までとしたとき、十八段階に分けての年数になるわけね。要は、十八歳で結婚した人は最長の二十二年間家庭に尽くしてきたことになるわけよ。逆に最短の人は三十五歳から三十九歳までのわずか五年間ということだね。

Ｗ　さて、金額がどうなるのか、とても興味があるわね。

Ｍ　いや、いや!!　あまり期待されても困るんだよなー。というのは、先ほども言ったように夫が在職している会社から、夫の給与総額の八割分が妻の給与として支払われるわけだから、この家庭に尽くした分の金額については、慰労のための謝礼金扱いとなることで、そんなに大金とはいかないねー。

W それはわかったけど、実際おいくらですかね。

M まあー、よくて一カ月五万円程度であって、一年間では六十万円ということかな。でも、最長二十二年間の人は一千三百二十万円になるから、結構な金額になるだろうよ。

W 当然だけど、最短五年間の人でも三百万円いただきだね。

M その通りだよ。だから、家庭の仕事については、何年間尽くしてきたかがベースになり、それに年間六十万円をかけ算すればもらえる額が即わかるということよ。以上、ここまでが各自治体の役割と経済支援ということになるわけよ。

Ⓦ　何だか夢のような話だけど、今まであんたが言ってきたことのおさらいになるけどね、国から始まって企業と自治体の三者による経済支援で、最も高額をもらえるケースはどういうことになるんだろう。

Ｍ　それは言うまでもなく、満十八歳になったら即結婚することで、満三十九歳まで家庭の仕事にひたすら尽くしたご婦人ですな。

Ⓦ　それはわかるけど、金額的には一体いくらになるんかねー。全ての額が大き過ぎてとても計算できないわー。

Ｍ　ただ、企業が負担する夫の給与総額の八割分に関すること、あるいはシングルマザーに対する〝内部留保〟からの支出分については、金額的に明確な数字を出すのが困難と言わざるを得ないんだよ。しかし、給与という性格上それほど低いとは考えにくいけどね。それともう一点、各自治体からの負担で、子どもを何人産んだかによって金額が異なることから、この支援額も何とも言えないんだよなー。

Ｗ　じゃあねー、給与の八割分やシングルマザーに対する企業負担は置いといて、その他のことで最高水準として計算したとき、まず女性の年齢が満十八歳で結婚した人で、その後十人の子どもを出産しながら二十二年間家庭の仕事に尽くした場合には、国から一千万円と自治体からは出産祝金として一人目から十人目までの累計額が五千五百万円となり、二十二年間家庭の仕事に尽くした分の謝礼金一千三百二十万円を合わせると六千八百二十万円であって、国と自治体を合計すると、何と七千八百二十万円という高額がもらえることになるんだ。これだけでも、正に異次元の経済支援だね。さらに、これに加えて企業からの給与もあるからウハウハだよねー。

Ｍ　な!!　そう思うだろう。しかもだ、国と自治体からの経済支援については、全て非課税扱いとし、企業からの分だけが課税対象とするんだよ。こんないい話は他にないと思うが、どうですかね。

W　もちろん、素晴らしい経済支援であって、これが仮に実現するようであれば、少子化対策の最も効果的な方法となり得るだろうねー。

M　ところが今、国や自治体では子どもの医療費や給食費等、子どもにまつわるさまざまなことで親の負担軽減を図るべく、ちまちました方法が検討されていたり、出産費用を公的医療保険で対応するような案も出ているようだが、何となくいい加減対策とは思わんかね。

W　確かにねー。公共機関が本格的にやろうとしているんなら、異次元らしくもっと大胆に現ナマ攻勢でいくべきだわねー。その方が、絶対に人間の心理として心からありがたみを感じるよね。

M　そうだよ!!　それにね、もし無償化するようであるなら、高校や大学の授業料と入学金だろうよ。何せ、この頃が子どもに最もお金がかかる時期なんだからな。ただ、高校の場合は良しとして、大学では無料だからと言いつつ真剣に勉強もしないで、留年を繰り返すようでは困るし、このような状況にならないとも限らないからなー。

Ｗ　そうよ、よく注意して見ていく必要があると思うが、できれば無償化になるよう期待したいもんだね。そして、これら全てのことが実現したら、それこそ男女ともに結婚に走り、出産や子育てに対する不安も全くなくなることで、一気に人口の増加に拍車がかかることは間違いなしだわねー。

Ｍ　そうなんです!!　そのためには、これら全ての歯車がスムーズに回っていくこと以外にないってことよ、それも一日も早い対応によってね……。

Ｗ　では、その他に国、企業、自治体の三者がやるべきことって、何かあるかね。

Ｍ　いや、これまで言ってきたことを忠実に実行してもらえれば、それで十分ってことよ。だから、この三者に対して私らからもよくお願いしておこうよ。

十六 〝縁結びの社会化〟を再現せよ!!

Ⓦ　どうか三者の皆様、よろしくお願いしますね。さて、最後は女性陣のことですか。

M　その通りで、未婚、既婚問わず女性の皆さんには、おいらがこれから話すことを素直に理解し、協力してもらえるか否かによって、大きく左右することでもあるんだ。

Ⓦ　それはどういうことなんですかねー。

M　その前に、一言お断りしておくんだけどね、国の役割のところでも言ったように、決して強制ではなくひたすら理解と協力をお願いするしかないと言うことで、これに尽きるわけよ。

W　それは十分わかったけど、一体何を理解し、協力してほしいと言うことなのかね。

M　そこで、協力のお願いとしてまず、年齢が満十八歳以上の未婚の女性であって、高校や大学を卒業後に企業等への就職は一切することなく、結婚という永久就職に向かって全力を傾け集中してもらい、早期にゴールインしてほしいということなんだよ。

W　なるほどね。でも、高校や大学の卒業と同時に、若い女性陣が結婚するにあたり、そのお相手を一体どうやって見つければいいのかね。

M　確かに企業への就職もしないとなれば、職場や仕事関係で相手を見つけることは容易じゃないかもしれないわな。

Ⓦ そうですよ。何でも職場や仕事関係での相手とゴールインすることが、最も多いと言われている今の世の中なのに、相手を見つけるためのいい方法でも他にあるのかしら。

M もちろんないとは言い切れなくて、おいらなりの考えはあるよ。

Ⓦ じゃ、その方法とやらを聞かせてもらおうではないかしら。

M わかった!! それでは言いましょうね。まず、現在企業やNPO法人等の組織として活動されている結婚相談所にあっては従来通りのなかで、その他に各自治体や地域の人たちがこれまで以上に積極的な係わりを持つ方法なんだよな。

Ⓦ ええ!! 各自治体や地域の人たちが、もっと積極的に係わるってどういうことなのか、もう少し具体的に言ってもらわないと、さっぱりわからんよねー。

M　そうか、そうだよな。それはね、今世間では子どもやお年寄りを地域で支え合うという〝子育てや介護の社会化〟と言われているだろう。しかし、そうではなく、本来社会化するのは若い人たちへの結婚にあるんだよな。つまり、〝結婚の社会化〟にあって、このことを各自治体が大いにアピールしていくことよ。それに従い、各地域の人たちは以前のようにお節介おじさんやおばさんとして復活し、昔以上に精力的な活動をしていくことなんだよ。当然ながら、各自治体では大いなるアピールに加え、〝縁結び〟のための窓口を設置し、真剣に対応していく心構えであってほしいと願っていて、これがおいらの考える〝結婚の社会化〟ということであると同時に、〝縁結びの社会化〟を再現することで、若くして結婚するための近道でもあると確信しているよ。

W　へえ!!　素晴らしい発想だわねー。

M　そう思うでしょう。さらに付け加えるなら、学校を卒業後即結婚するわけだから、企業には若い女性がいなくて男性ばかりの状態であることから、自《おの》ずと結婚を考えている適齢期の男性にあっては、各自治体や近所のお節介さんに頼らざるを得なくなるんだよな。わかるでしょ。

W　わかる、とてもよくわかるわよ。いい方法かもしれないねー。

M　要は、これによって、若い女性陣は結婚と同時に専業主婦として家庭全般のことに従事することになるわけで、もはや〝子育てや介護の社会化〟は必要なく、解消されていくことになると思うよ。

W　なるほどね。これであんたの言ってる子どもやお年寄りに対して母親、あるいは女性の家族が面倒見ることになるから、子どももお年寄りも嬉しいだろうし、安心もできてとてもいいことじゃないかしら。

M　ただね、このことについて、ややもすると若い女性陣から誤解を受けるような注意点があるのよ。

𝕎　ええ!!　何ですかそれは……。

M　それは、ある意味とても重要なことで、若い女性陣に対する職業の選択権を脅かすことにならないか、ということなんだな。

𝕎　もっとわかりやすく、具体的にどうぞ。

M　つまりだな、女性に限らず男性にあっても、将来なりたい夢と希望の職業というものがあるわけよ。例えば、女性であれば看護師や介護師、スポーツ選手、芸能関係等さまざまにあるわけで若さが勝負というものがあるよね。また、特に看護師や介護師、あるいは保育士等は、男性よりも学校を卒業後の若い女性陣の方がベストと思わんかね。

𝕎　それはそうだね。男女それぞれに適職というものがあるもんね。

M　そうなんだよ。だから、おいらが言ってる若い女性陣の結婚については、あえて一般企業を希望している人たちであり、全ての職業を対象としたものではないと同時に、若いときの結婚も決して強制ではないということも言っておかないとね……。

Ⓦ　でも、仮に若いとき結婚したとしても、先ほどあんたが言った専業主婦の立場は、せいぜい四十歳になるまででしょう。だったら我慢して頑張ってほしいわね。

M　そのように期待したいが、何ぶんにも満十八歳の年頃というのは、さまざまな遊びや楽しみを味わうことのできる最良の時期でもあると思われるが、それを乗り越えることで、結婚し子どもを授かる喜びの方が格別なものであるという思いを味わえるだろうから、決して無駄なことではないと断言したいんだよ。

十七　人生百年時代、焦る必要のない女性陣に求める理解と協力

W　確かに、先ほどそちらが言ってたように若いときからの出産は母子ともにいろんな面で良い結果になる、と昔からの言い伝えがあるもんねー。

M　その通りで、若いときに子育て等について苦労しておけば、その苦労の経験と出産や育児という女性としての使命を果たしたことによる優越感からだろうか、そのときの姿は自信に満ちて、光輝いた最高の美しさと優しさがにじみ出ていて、女らしい魅力的な存在になるもんだとも昔から言われているからね。要は、その年代が、これまでおいらが言っていた四十歳を過ぎたあたりから徐々に現れてく

るもんなんだよなー。

𝕎　と言うことは何かね。要は、歳だからと言って焦る必要は全くないということであって、その段階から大いに社会に羽ばたくことで仕事や遊び等、楽しい日々を過ごしてほしいと言いたいわけね。

M　ご理解いただけましたか。ありがとうさんね。何しろ、先ほども言ったように人生百年時代なんだから、四十歳過ぎからでも時間は十分ありで、焦る必要全くなしということなんだよ。だから、未婚の若い女性たちにあっては、この話に乗らないという選択肢はないと思っているんだけど、果たして理解ができて協力いただけるもんかわかりましぇーん、というところだね。

𝕎　ところで、今話をしてきた対象者は未婚の女性で、高校や大学等を卒業後の満十八歳から二十二、三歳の若い世代の人たちのことと理解したが、そういうことだね。それじゃ、この後に続く二十四、五歳から三十五歳までの未婚女性については一体どうなるのかね。

M　当然、現役で会社勤めをしている女性は数多くいると思われるが、一日も早い結婚と同時に会社勤めを辞めることで、家事専門として家庭に入ってもらうようにするんだな。その時点で先ほど言ってきた国や企業、並びに自治体の役割と経済支援に従っていくだけのことよ。

W　そうか!!　そういうことね。了解でーす。

M　では次に、四十歳未満で既婚のご婦人に対してであるがね、正社員や非常勤を問わず現役で働いている人たちには、即退職してもらうことで家事に専念し、夫の給与総額の八割分を夫の会社を通じてご婦人も給与をいただくようにすることね。また、既に家事に専念しているご婦人に対しても、同様に夫の会社から八割分の給与が支給される方法だね。

W　ええ!!　ちょっと待ってよ。ご婦人たちには夫の会社からの給与支給だけなのかね。

M いいえ、既婚者だから国からの経済支援はないが、自治体からは先ほど言った方法での支援は当然受けることになるよ。わかったかね。以上が全て女性に対して理解と協力をしてもらうために、ひたすらお願いするしかないということなんだよ。

W 確かにその通りで、女性の考え方や行動が大きく左右することだけに未婚、既婚関係なく全ての女性に、少子化を食い止めるための積極的な行動と協力を期待したいもんですねー。

M そうなんだよね。要は、ここで何とか食い止められるか否かであって、そのカギを握るのは女性陣の強い思いと協力にあると考えられ、同時に女性一人ひとりの行動にあると言えるんだよな

W 正にそうあるべきだし、それに対して国や企業、並びに自治体の三者における

役割と経済支援については、一日も早くスピード感を持って忠実に実行されることが求められるとともに期待せざるを得ないよね。そして女性陣が異口同音に「こんな少子化対策、あったらいいね」と楽しくにこやかに声をあげてほしいもんだわね。このことを念じて結びとしたいわ。

十八　全国会議員からの〝異次元の財源捻出策〟について

M　いや!!　待ってよ。ここで終わりじゃないんだよ。

Ⓦ　何で!!　随分長い時間話していたわよ。

M　そうだね。だいぶお疲れのようだけど、この問題で最も重要な部分が残っているので、そのことで少し話し合わないと終わりにはならないのよ。だから、後少しだけ時間をいただきたいね。

Ⓦ　了解よ。でも、その最も重要なことって一体何でしょうか？　こんなに素晴ら

しい経済支援を提案しているにも拘わらず、もっと他に有効な手立てもあるんでしょうかね！

M　そういうことではなく、よく考えて。素晴らしい経済支援をしていくために裏付けるものが必要でしょ。つまり、財源のこと!!　これがないと、素晴らしい経済支援も〝絵に描いた餅〟の状況になってしまうから最も重要なことと言ったわけよ。

W　そうだわね。財源がないと何もできないから、単に異次元の経済支援をぶち上げただけのことになってしまうから、それこそ〝異次元〟どころか〝いい加減〟になってしまうわね。でも、その財源を見出すいい方法でもあるのかしら。

M　もちろん、この経済支援が〝いい加減〟なものにならないために、何日も真剣に考え続けた結果、おいらなりの最良と思える異次元の財源捻出策を思いついたんだよ。

W　ええ!!　そんないい方法ってあるの。聞きたいわ。ぜひ教えてくださいよ。どんな方法なのかワクワクだね。

M　それじゃ言いますが、会話を始めてからかなり時間がかかっていて、お疲れのこともあるだろうから、おいらが一方的に話すことになりうるだろうから、よーく聞いてくださいよ。わかりましたね……。

W　はーい!!　よーく聞いていますのでお願いしまーす。どうぞ始めて……。

M　まず話を整理する意味で、国のお偉いさんたちがやろうとしている経済支援とこちらが考えているものとは、基本的に大きな違いがあるということを、よく頭に入れておいてよ。

W　ということは、何が、どう違うのかしらね？

M　端的に言うと、会話の冒頭でも述べたように、国の考え方は、現在進行形の

〝子育て〟のみに対し異次元の経済支援としてさまざまな方策を打ち出しているよね。

W その通りで、ここ数カ月間毎日のようにマスコミ等で取り上げられているから、ある程度わかっているわ。

M ところが、同じ会話の冒頭部分でおいらが指摘したことは、出産と子育てとは全く次元が異なることから、今問われている喫緊の課題は、いかに子どもの人口を増やすかであって、その前提となる結婚と出産に全てがあると、再度強調しておきたいんだよね。

W 確かに、この問題の出発点は、国の一番のお偉いさんが「人口減少に何とか歯止めをかけたい」という発言からなのよね。人口減少に歯止めをかけることと、現在進行形にある子育てについて充実を図ることとは全く別もの、と国民の誰もが思うことでしょうね。

M　当然そう思うだろうが、実は国の考え方は、今の子育て環境の整備を図ることで結婚と出産に結び付けようとしているんだよな。

W　へえ!!　そんなうまい具合に果たしていきますかね。だって、あるアンケートの結果によると、結婚しない、あるいはできない理由のトップが結婚と出産のための〝経済不安〟ということみたいよ。

M　確かに、そういうアンケート結果については、おいらも承知しているところであって、経済不安が大きな理由の一つでもあるが、前段で話した四つの理由も同様に大きなものであることは間違いないと思うよ。ただ、前段の四つの理由を改善することは不可能かもしれないが、結婚と出産の環境整備による経済支援はそれほど難しいことではないと思うから、そのための方法を先ほど来国と自治体の役割として、とうとうと言いまくったがいかがでしたかね。

W　はい!!　よく理解しましたよ。素晴らしい発想だと感嘆したところですし、これが実現されれば間違いなく人口増につながっていくと思うわ。

M それとも、国が現在進行形で子育て中の世帯ばかりに照準をあてているということは、うがった見方をすれば、これらの世帯の夫婦に対して、今後もっともっと出産をしてほしいという期待があり、そのことを表面上言えないだけに、ちましたた経済支援を盾にして遠回しに言ってるのかもしれないよ。

W ええ!! そんなのありー。そりゃ確かに、妊娠・出産は〝神のみぞ知る〟ということだから、ある程度若いカップルであればその可能性は皆無とは言えないが、その一方で、いくらお金をあげると言っても、年老いての出産は、生まれてくる子どもの将来のことを始め、さまざまなことを考えたら勘弁してくださいとなるのが本音でしょうし、私だったら即お断りよ。

M いかにも、鶏と卵の関係のようで、どっちが先かみたいなもんよ。つまり、結婚・出産を優先させるのか、子育ての充実を優先させて結婚・出産に結び付けようとするのか、と言ったようなもんだが、人口を増やすことの大義から考えれば、明らかにその元となる結婚・出産にあると思われるが、いかがかね。

Ⓦ なるほど、とてもわかりやすい例えだね。やはり、優先されるべきは結婚・出産であると断言できるわね。

M ところで、令和五年六月十三日に政府が開いた〝こども未来戦略会議〟において、異次元の少子化対策を具体化するための〝こども未来戦略方針〟なんていうものが決定され、マスコミ等でそのポイントとなるものを〝具体的な施策〟と〝財源の考え方〟という二つに分けた形のなかで、それぞれについて何項目かが列挙されていたが、それを見てどう思いましたかね。

Ⓦ どう思ったと言っても、児童手当については、今後の方向性や時期等がある程度明確になっているものの、残りの項目は全てが抽象的で評価のしようがないわねー。なかでも特に〝こども誰でも通園制度〟なんて論外だわ。

M　その通りで、おいらもこの〝通園制度〟を見たときに、政府の「認識のずれ」に驚いたねー。保育士不足で大変だというこの時期に、利用者を増やしていこうなんて考えられないけどな。希望的観測としてぶち上げたとしても、潜在的保育士を含め希望者にあっても、今後積極的に現場に立とうと考える人が、果たしてどの程度いるかであって、それほど期待できないと思った方が妥当ではないのかな。

W　そうだよねー。あんたが前段で言ってたが、安い給料で親からのお小言たらたらの状況であれば、誰でも嫌気が差しちゃうもんね。だから、その気持ちを打ち消すだけの大金を払ってあげるしかないと思うけど、それも限界があるだろうしね。

M　当然限界があるわな。何せ、エッセンシャルワークのなかでも特に教育や医療、あるいは介護といった重要な分野を担っているスタッフに対し、家族からのお小言が多いらしいからねー。

Ⓦ　なるほど、そういうことね。要は、教育に携わる先生方を始め、お医者さんや看護師さん、あるいは介護師さん等に対する尊敬の念がなくなったということなのか、今の世の中には残念ながら通用しなくなってしまったのが現実のようだね。

Ⓜ　いや‼　それだけではなく、家庭にあっても子どもが親を尊敬する様子がほとんど見られないもんな。このことは前段でも言ったように、便利さ故に、忍耐力が弱まり身勝手な行動へと変化してしまった以外の何物でもない、とおいらはそう思っているよ。いずれにしても、保育士を増やしていくという計画は、非常に難解なことだと考えているけどね。

Ⓦ　全く同感だわ。一時的に増えても、すぐに辞めてしまうかもしれないしね。よほど良い条件でないと難しいと思うわ。

Ⓜ　ところで、国が実施しようとしている今回の少子化対策の全てについて、つつがなく実行するとなれば、その予算額が年間で三兆円台半ばと言われているだけ

に、この財源確保にあっても、これまた難解なことだわな。

Ⓦ へえ!! そんなに必要なんだ。びっくりだわね。そんな大金どこから、どうやって確保しようと考えているんかねー。

Ⓜ 確かに大金だわなー。でも、先ほどの〝こども未来戦略方針〟において、財源の考え方についても何項目か列挙されているが、そのなかでも特に、おいらが注目したのは「令和十年度までに徹底した歳出改革を行い、実質的な追加負担を生じさせない。消費税を含めた増税は考えない」というものであるが、この徹底した歳出改革の標的にされたのが、何と社会保障分野ということらしいよ。

Ⓦ ええ!! そうなの。でも、何か矛盾していると思いませんかね。

Ⓜ その通りで、良く気が付きましたな。つまり、保育士の増員を言っておきながら、一方では社会保障費の削減を徹底するような考え方に矛盾が生じているということだよね。言うまでもなく、保育園の所管庁は厚生労働省であって、社会保

障分野の一環でもあるからな。

W　そういうことだよね。政府が言ってる社会保障分野とは何だろう。ぜひ聞いてみたいわね。

M　いや!!　もしかして医療、介護の分野への思い切った歳出改革であり、それをもって子どもや若者の未来のために投資していきたいという思惑かもしれないよ。いずれにしても、具体的な物事や数字も出ていないことから、全く評価のしようがないところだわ。

W　そうですよ。本来は大切な部分を先送りするんではなく、この時点で、何をこうすればいくら捻出できるという数字を表すべきであって、歳出改革すべき物事や数字が示されてない段階では、とても評価に値しない状況であり、本気度が疑問視されるわよね。そうなりませんか……。

M　そうなりますね。事実、国の最高責任者がこの〝戦略方針〟について記者会見で発表したが、別の案件の評判の悪さが影響してか、政権に対する支持率も上がるどころか、下がってしまったわなー。

W　ところで、そちらの財源確保はどう考えたの。そのことを聞きたいと思って、先ほどから楽しみに待っているんだけどねー。

M　それは大変お待たせしました。それこそ異次元の経済支援を披露しただけに、財源の確保もそれ以上に異次元の考え方で、数字を交えながら話すので驚かないでよ。

W　そんなびっくりするほどの財源捻出策なのかね。よーく聞いていたいと思うので、早速本論に入ってほしいわね。

M　お待たせしました。その前に一言お断りしておきますが、今回の会話のなかでも度々言ってきたように、現在子育て中の人たちを対象にしたものではなく、あくまでも人口を増やしていくことを前提にした考え方から、今後結婚し出産をしていくカップルに対しての経済支援であり、そのための財源確保であるということを忘れないでね。

Ⓦ もちろん、そのことは再々聞いていますから了解ですよ。

M そしてもう一点、今国がやろうとしている経済支援の対象者は、ゼロ歳から大学生までの多岐にわたる子どもたちに対してのさまざまな支援であるからこそ、三兆円台半ばという大金が当然必要になるわな。一方、年間では相当数の新婚カップルが誕生しているようで、同時に離婚するカップルもまた、多くなっていると言われているよね。そこで、おいらが考えたのは今後の結婚のあり方について、ここ三、四年間は状況を見ていくうえで、新婚カップルの数を限定することから始めるんだよ。

Ⓦ ええ!!　限定すると言っても、どういう方法で年間何組くらいを考えているわけ。それこそ、数字を示して具体的に言ってもらわないと、良いとも悪いとも評

価できないことよ。

M その通りだな。でも、ここからが本番で数字を示しながら、わかりやすく一気に説明していくからね。そのつもりで聞いててくださいよ。

W それではどうぞ……。

M まず、年間における新婚カップルの数は五千組とし、毎年度末の三月に申し込みの開始とし、抽選もしくは申し込み順によって経済支援の対象者を決める方法で、先ほど言ったようにとりあえず三、四年を目途に行ってみて、その結果出生数がどう変化したかを確認のうえ、次の段階に進んでいくことなんだよ。そして、これを実行していくための年間予算額が、最も多く見積もったとして、五千組全ての女性が十八歳でゴールインした場合でも、一組あたりが一千万円だから、総額にして五百億円が国からの経済支援となるわけだ。つまり、この最大の五百億円を予算化してさえおけば、五千組の新婚さんの誕生は間違いないということだし、三段階に分けた女性の年齢が高くなれば、五百億円の予算額がさらに減額されることになるわなー。

W　なるほど、いよいよ核心の部分に入ってきましたね。でも、その予算を一体どこから、どのようにして捻出しようと、そちらは考えているのかしらね。

M　いやいや!!　それは非常に簡単なことなんだよ。一般的に物事というのは、言い出しっぺが最初から最後まで強力なリーダーシップを発揮していくことが求められると同時に、そこには自分を犠牲にしなければならないようなリスクを伴うことも覚悟しなければならないのよ。幸いにして、今回の少子化対策については、国のトップが言い出したことであるが、それに対し各党始め衆・参の国会議員にあっては、誰一人反対の意思表示をしていないわな。であるならば、国会議員全員の協力と理解を得ることによって、ともにリスクも背負いながら、ある一点に集中して実行あるのみと思っているんだよ。

Ⓦ　何!!　そのある一点というのは。それを言ってくれなければ理解もできないし、納得もいかないわね。

Ｍ　わかった。それではここで一つ、二つ質問しますよ。先ず、現在衆・参合わせて国会議員の定数は何名だと思う。

Ⓦ　普段あんまり気にしないから、ハッキリした数なんてわからないわー。

Ｍ　実は、衆議院の定数は四百六十五人であって、参議院議員は二百四十八人で合計七百十三人で構成されているわけね。次に二つ目の質問として、国会議員一人あたりもらえる一年間の金額は、一体いくらだと思っている?

Ⓦ　そんなの余計わかんないわ。相当な大金をもらってるんだろうね。

Ｍ　それでは、ある資料をもとに一年間の総額をずばり言いますと、何と四千百六十七万八千円もらっているんだよなー。ちなみに、この金額の内訳としては、まず歳費とボーナスを含めた年額が二千百八十七万八千円であり、その他の主なものとして一時問題になった〝文書通信交通滞在費〟改め〝調査研究広報滞在費〟が年額で一千二百万円で、さらにもう一点〝立法事務費〟というものが年額で七百八十万円支給されていて、これらの総額が先ほど言った通りの金額になるわけよ。そして、この一人の年額に七百十三人をかけ算すると二百九十七億一千六百四十一万四千円という莫大な数字になるのよ。しかし、これだけではなく一部の政党や無所属議員を除いて各政党に配分されている〝政党交付金〟なるものが存在し、その額が何と三百十五億三千六百万円が間接的に議員のために使われているることから、広い意味で国会議員に対する国費からの支出総額は先ほどの二百九十七億一千六百四十一万四千円と合わせて六百十二億五千二百四十一万四千円というとてつもない金額になるわけだが、ここまではおわかりいただいたかね。

Ⓦ　いやー‼　お金の単位が大きくなると、なんだかピンとこなくなるわね。本当に金額の数字は間違ってないかしら。大丈夫ね。それにしても、議員さんから全

て取り上げてどうやって生活したりするの、政治活動もできないんじゃないのかね。とても可哀想だわー。

M　それもそうだわな。だから、さらにこちらも考えたよ。それはね、政治家といえども、企業での終身雇用制のような長く続けられるわけではなく、選挙の結果によって身分が変化するから、ある意味非正規労働者のような立場であると思わんかね。仮にそうであるとしたら、年間の生活費を三百万円程度として、少子化対策の財源が安定するまでの三、四年間は、現在非正規労働者が味わっている生活状況を体験することも必要ではないかなー。ただね、こちらが主張している新婚カップル五千組に対する予算額の五百億円を総額の六百十二億五千二百四十一万四千円から差し引いても、百十二億五千二百四十一万四千円残ることから、生活費の年間三百万円から最大五百万円までであっても数字的には可能なんだよな。

W　ええ!!　その年間五百万円までが可能という根拠を示してみてよ。それでも五千組の新婚さんに対応できるようなら、五百万円でもいいんじゃなーい。

M　つまりね、議員一人あたり五百万円としても、全七百十三人だから総額で年間三十五億六千五百万円になることから、総額の六百十二億五千二百四十一万四千円から差し引いてもまだ五百七十六億八千七百四十一万四千円が残ることで、そこから五百億円を新婚さんに支出した場合でも最終的に年額七十六億八千七百四十一万四千円が残ることになるわけなんだけど、同時に、その残額は各自治体が持つべき出産費用と家庭に尽くした謝礼金の一部として、しばらくの間国から各自治体に対して交付金の名目で出してあげるんだよ。以上が、こちらが考えた一連の予算額に対する財源の捻出策なんだよ。正に、異次元の経済支援における、異次元の財源捻出策と言えるだろう。それにしても、仮に今回の国が出した方針通りに子育て支援を行うにしても、三兆円台半ばの財源の基本とすべきは、おいらが提案した財源策を取り入れることが大前提になるということよ。こうした方法を取ることによって、多くの国民は納得するとともに、さまざまな分野への歳出改革の断行に対しても大いに理解してくれると思うよ。特に、ある政党の大票田である業界団体や組織においても「議員さんたち自らが身を切る覚悟をした以上、われわれも慎まなくては……」という状況が生まれてきて、その現象がいろんなところに必ず波及していくもんなんだよな。言うなれば、おいらが打ち出した財源策を真剣に考え、本当に実行することができるか否かが、全てのカギになると言いたいわけよ。

W　国民の一人として、良く理解でき納得もできました。誠に素晴らしい提案ですので、国の最高責任者の一声でぜひ実現してほしいわね。正に、異次元だわ……。ただしね、議員さんの収入を減らすより、人数を大幅に減らしたらという意見も出てこないかしらね。

M　誠に、いいこと言いますね。確かに、大きな政党の議員さんの一部には、議員定数の削減を声高に言う方もありやなしやというところだね。ところが、こちらが打ち出した収入削減にはおいらなりの、ある理由があるんだよ。

W　ええ!!　何ですかそれは、ぜひ聞かせてよ。

M　実は、おいらが三鷹市議会議員当時の平成十年に、議員の定数を三十名から二十八名に削減するため各会派や議員に同意を求める必要から積極的な働きかけをしたり、個人的に市民に対して〝三鷹市議会議員の定数に関するアンケート〟を実施するなどして懸命に動いてきた経緯があるんだよ。その最終的な結果は、賛成多数で可決・成立し、二名削減が成し遂げられ現在に至っているわけよ。ところが、この積極的な各会派や議員の働きかけのなかで、ある政党の先輩女性議員から「そんな減らすことばっかり考えないで、言い出しっぺのあんたが辞めればいいでしょうよ」と、一種暴言を交えて罵倒されたのよ。おいらが、議員として二期目であったから、いかにも「あんたなんか出る幕じゃない」と言いたかったんだろうが、おいらからすれば、議員としての人格を疑ったわなー。また、収入削減を打ち出したもう一つの理由として、議員定数の削減は「民意が反映されなくなる」という説もあることからして、であるならば、収入の面に切り込むしかない、となるわな。だから、あえて収入の面をターゲットにしたわけよ。

W　そうだったの。理解がさらに深まったことよ。いろんなことが聞けて、とても勉強になったわ。

M　いや、もう一点知ってほしいと思うことを言っておくね。というのも、この少子化問題については、決して最近のことではなく、約三十年間にわたって、その時々の政権がさまざまな対策に取り組んできたものであるが、その対策のほとんどが保育所の整備などといった保育サービスの充実を重点としてきただけに、そこには〝現物給付〟が中心的なものであって〝現金給付〟の方法を取ってこなかったわけよ。しかし、今日ではハード面における整備の充実に加え、待機児童も年々解消されてきているだけに、少子化対策を語るうえで、今後は〝現金給付〟をメインとする方向にシフトしていくべきと思うんだよ。だから、今回の政権にあっては、ちまちましたやり方ではなく現ナマ攻勢であってほしかったし、異次元という言葉に対して密かに期待していたんだが、とても異次元と言えるもんではないわな。そこで、おいらが提案した〝隗より始めよ〟を忠実に行っていけば展望は必ず開けるというもので、後に控える防衛費の財源にも良い影響を与えることになるかもしれないと思っているんだよー。

W　ええ!!　そこまで考えているのね。でも、議員さんの人件費を削るって大変なことじゃないのかね。全議員さんが納得するようないい方法でもあるのかしらね。

M　もちろんありますよ。再度言いますが、少子化対策については各党、各議員ともに異論がないわけだから、やり方次第ということになるわね。ただ、これまでの会話で相当時間がかかっているので、それはいずれの機会においらなりの〝異次元〟の考え方のなかで「国会議員に対するこんな人件費削減策、あったらいいね」と題して、政治活動のあり方も含め披露してみたいと考えているが、それは今後の様子を見たうえであって、今回はここまででおしまいにしましょう。以上でーす!!

おわりに

令和五（二〇二三）年一月の年明け早々、岸田文雄総理が年頭記者会見の席で高々とぶち上げた「異次元の少子化対策」によって、令和五年の幕開けともなったと言える。

この少子化対策における〝異次元〟という内容については、読者の皆様もある程度把握されていると考えられることから、あえてここで詳細に述べるのは差し控えたいと思うが、一口で言ってしまうと、国の〝異次元〟に関する方針は、今まで行ってきた支援策について、その対象範囲を拡大し強化することを目的としているものである。

そして、そのための財源の主なものとして、社会保障費の削減と社会保険からの〝支援金〟によって安定的な財源としていきたい考えのようでもある。

つまり、支援していく対象範囲の拡大と強化を図っていくことであり、そのための安定的な財源の確保にあるわけです。

しかし、この国の方針について真の意味で〝異次元〟と、果たして言えるでしょうか。

私から判断した場合、国の方針にあっては次元が低く、私とは次元の違う考え方としか言いようがないわけで、もっともっと支援や財源については奇想天外で突拍子もないほどに考え方を広げてこそ、正に〝異次元〟と言えるのではないだろうか。

このことからして、本書をお読みになった皆様には、果たしてどのように感じ取られたことであろうかと気に留めているところであるが、多分支援のあり方や財源の確保についても「絶対にあり得ないし、悪ふざけもほどほどにしたら」等の批判的な考えを持つ人の方が多いだろうし、好意的に捉える人がいるや否やの状況であろう。

そのようななか、支援に関する方法も大切ではあるが、その支援を実行するための財源確保がそれ以上に重要なことと思い、私が本文で述べてきた財源捻出策にあっては、それなりの根拠を持って言い放ったものであるだけに、その証について若干書き添えておきたいと思う。

それは、今から五十一年前の昭和四十年代後半から五十年代前半における衆議院議員の秘書時代のことであるが、当時の秘書の仕事と言えば、祝い事を始めさまざまな行事やお悔やみ等に議員の代理として出席することが全ての状況であった。もちろん現在においても議員本人や秘書がさまざまなことに出席されることは当然のことであるが、私の秘書時代と何が違うかと言えば、祝い金等お金の使い方にあると思っている。

五十一年前の当時は、何事にも出席する場合お金を持参することが不可欠であっただけに交際費の額が莫大なものであった。

私が知る限りでは一日数万円、多いときには一日十万円以上の出費も珍しくなく、それが何日も続くことがあったようにも議員の奥方が、イヤミ混じりで話していたのを思い出す。

当然のことながら、現在でも会費が示されていてその分の金額であれば公選法上認められたり、議員本人がお悔やみの席に出向くときには香典の持参も許されることになっているのである。

ただ、有権者の理解もあってか公選法の改正後には、祝い事やお悔やみについての案内自体がめっきり減少してきていることもあって、その分の出費はほとんど必要なくなったように思われるが果たしていかがだろうか。

さらに、五十一年前の過去のことも現在の状況も政権与党にある政党から体験と見聞によって把握しているものであって、他の野党政党は交際費の部分がどのようになっているかは不明のため差し控えたいと思うが、もしさまざまなことに出席したとしても、そのための出費は一切しないということであれば、その分のお金はどうしているんだろうと変に疑問を持つのは私だけだろうか。

その他、交際費の大幅な削減に加え公費で賄っている秘書の人数も二人から三人に増えたことで、私設秘書を減らすことも可能であるだろうし、地方出身の議員には安価な宿舎の提供もあったり、新幹線等交通費の無料パスの貸与といったように国会議員であるが故の特権と言えるのだろうか。

このように考えたとき、本文で指摘した議員一人あたりの高額とも思えるお金が何故必要で、一体何に使われているのか、と疑問を持つのは必然的であることから、当分の間だけでも生活費としての年収五百万円程度で納得していただくのも方法の一つだと判断したわけであり、このことをもって私の財源捻出策に対する根拠であり、証でもある。

昨今、国を挙げて経済、経済の大合唱であるが、経済発展の基本となるのがあくまでも〝人〟であると言われているだけに、人口を増やしていく意味合いでの〝少子化対策〟を本年の目玉としてぶち上げた岸田内閣の考えは、非常に的を射た正しい判断であると思いながらも、内閣支持率が上昇傾向に転じない状況は一体何故なのか……?

その原因は〝異次元〟と言いながらも財源不足を理由に最終的には、従来のパターンである中途半端で安全な方向へと多分舵を切っていくことになるだろうと、国民から既に見透かされている以外の何物でもないと思われる。

それを払拭する意味で、私の提案を真摯に受け止め実行することによって、国民から驚きと大絶賛のなかで支持率は確実に急上昇していくだろうと勝手に思い込んでいるものである。

要は、中途半端に終わるのか、それとも奇想天外に成し遂げるか、岸田内閣を含め全国会議員の〝やる気〟と〝本気度〟が試される重要政策であるということを申し添え、終わりにあたっての言葉とさせていただく。

〈著者紹介〉
堂前雄平（どうまえ ゆうへい）
昭和22（1947）年3月生まれ。石川県輪島市門前町出身。中央大学卒。元衆議院議員秘書。平成3（1991）年より三鷹市議会議員を2期務める。平成11（1999）年、自ら作詞作曲した「こころの雨」「ごくろうさん」の2曲がキングレコードより発売。翌12（2000）年5月、有限会社オレンジハートを設立し、代表取締役に就任。同年9月1日より居宅介護支援と訪問介護事業を開始し、現在に至る。また平成28（2016）年より、いしかわ（石川県）観光特使に任命され活動中。

こんな少子《しょうし》化《か》対策《たいさく》　あったらいいね!!

2024年5月17日　第1刷発行

著　者　　堂前雄平
発行人　　久保田貴幸

発行元　　株式会社 幻冬舎メディアコンサルティング
〒151-0051　東京都渋谷区千駄ヶ谷4-9-7
電話　03-5411-6440（編集）

発売元　　株式会社 幻冬舎
〒151-0051　東京都渋谷区千駄ヶ谷4-9-7
電話　03-5411-6222（営業）

印刷・製本　中央精版印刷株式会社
装　丁　　弓田和則

検印廃止
©YUHEI DOMAE, GENTOSHA MEDIA CONSULTING 2024
Printed in Japan
ISBN 978-4-344-69101-8 C0095
幻冬舎メディアコンサルティングＨＰ
https://www.gentosha-mc.com/

※落丁本、乱丁本は購入書店を明記のうえ、小社宛にお送りください。
送料小社負担にてお取替えいたします。
※本書の一部あるいは全部を、著作者の承諾を得ずに無断で複写・複製することは
禁じられています。
定価はカバーに表示してあります。